2024

Le Radici Del Cristianesimo Nell'Antico Egitto

Moustafa Gadalla

CONTENUTI

1

L'AUTORE

Moustafa Gadalla è un egittologo egiziano-americano indipen-dente nato al Cairo, in Egitto, nel 1944. Ha conseguito una laurea in ingegneria civile presso l'Università del Cairo.

Fin dalla prima infanzia, Gadalla persegue con passione le sue radici dell'Antico Egitto, attraverso lo studio e la ricerca continui. Dal 1990 si dedica e concentra tutto il suo tempo alla ricerca e alla scrittura.

Gadalla è l'autore di ventidue libri di fama internazionale pub-blicati sui vari aspetti della storia e della civiltà dell'antico Egitto e le sue influenze in tutto il mondo. Inoltre gestisce un centro di risorse multimediali per studi accurati ed educativi dell'Antico Egitto, presentati in modo coinvolgente, pratico e interessante che attrae il grande pubblico.

È stato il fondatore della Tehuti Research Foundation che è stata successivamente incorporata nel multilingue Egyptian Wisdom Center (https://www.egyptianwisdomcenter.org) in più di dieci lingue. Il sito web include anche un'altra attività in corso che include la sua creazione e produzione di progetti di arti performative come 'Isis Rises Operetta', 'Horus The Initiate Operetta'; 'Egyptian Goddesses Operetta'; e alcune altre produzioni a seguire.

2

PREFAZIONE

Ciò che oggi si definisce religione cristiana esisteva già nell'Antico Egitto molto tempo prima dell'adozione del Nuovo Testamento. Scrisse l'egittologo britannico E.A. Wallis Budge nel suo libro *The Gods of the Egyptians* (1969):

> *"La nuova religione (cristianesimo) lì predicata da San Marco e dai suoi seguaci, ricorda molto, in tutti gli elementi essenziali, quel che era dell'esito del culto di Osiride, Iside e Horus".*

Le somiglianze rilevate da Budge, e da tutti coloro che hanno confrontato l'allegoria egizia di Osiride/Iside/Horus con gli episodi del Vangelo, sono impressionanti. I due racconti sono praticamente identici, includendo per esempio elementi quali l'Immacolata Concezione, la nascita divina, le lotte contro il nemico nel deserto e la risurrezione dei morti alla vita eterna. La principale differenza tra le "due versioni" risiede nel fatto che il racconto evangelico è considerato storico, mentre il ciclo di Osiride/Iside/Horus è un'allegoria. Il messaggio spirituale dell'allegoria di Osiride/Iside/Horus nell'Antico Egitto e la rivelazione cristiana è esattamente lo stesso. Così lo studioso britannico A.N. Wilson sottolineò nel suo libro *Jesus*:

> *"Il Gesù della storia e il Cristo della fede sono due esseri sepa-*

rati, con storie molto diverse. È difficile ricostruire la prima, e nel tentativo siamo propensi a fare un danno irreparabile alla seconda".

Questo libro dimostrerà che il "Gesù della storia", il "Gesù della fede" e i principi del cristianesimo hanno tutti origine nell'Antico Egitto. E se ne parlerà senza causare alcun "danno irreparabile", cosa che preoccupava A.N. Wilson, per due principali motivi: in primo luogo, perché la verità deve essere detta. In secondo luogo, perché spiegare i principi cristiani basandosi sul loro contesto originale nell'Antico Egitto, rafforzerà l'idealità del cristianesimo. Questo libro è composto da due parti:

La prima parte dimostra che i racconti sul "Gesù della storia" si basano interamente sulla vita e la morte del faraone egizio Twt/ Tut-Ankh-Amen.

La seconda parte spiega che il "Gesù della fede" e i principi cristiani sono tutti di origine egizia – tanto l'essenza degli insegnamenti/del messaggio, quanto le feste religiose.

C'è un'innegabile ironia e una profonda, radicata e indiscutibile verità nella citazione del profeta Osea *"Fuori dall'Egitto ho chiamato mio Figlio"*. Un'ironia davvero profonda.

Apriamo le nostre menti e analizziamo le prove disponibili. Perché la verità è un insieme dei pezzi diversi e complementari di un puzzle. Mettiamo questi pezzi nel corretto ordine, tempo e posizione.

Moustafa Gadalla

3

STANDARD E TERMINOLOGIA

---

1. Il termine dell'Antico Egitto *Neter* e la sua forma femminile *Netert* sono stati erroneamente, e forse intenzionalmente, tradotti da quasi tutti gli accademici come dio e dea. I *Neteru* (plurale di *Neter/Netert*) sono i principi e le funzioni divine del Dio Unico Supremo.

2. Uno stesso termine dell'Antico Egitto può essere scritto in vari modi, come nel caso di Amun/Amon/Amen o Pir/Per. Questo accade perché le vocali presenti nelle traduzioni dei testi egizi sono solo approssimazioni di suoni, usate dagli egittologi occidentali per riuscire a pronunciare termini e parole dell'Antico Egitto.

3. Utilizzeremo le parole più note alla maggioranza delle persone di lingua italiana per identificare un *Neter*/una *Netert* [dio, dea], un faraone o una città, seguite da altre "variazioni" delle stesse.

È opportuno segnalare che i veri nomi delle divinità (dei, dee) erano tenuti segreti per proteggere il loro potere cosmico. Ai *Neteru* ci si riferiva con epiteti che descrivevano la natura, le caratteristiche e/o l'aspetto/i specifici dei loro ruoli. Lo stesso vale per tutti i termini comuni come Iside, Osiride, Amon, Ra, Horus ecc.

4. Con riferimento al calendario romano, useremo i seguenti termini:

p.e.v. – Prima dell'era volgare, nota anche come a.C.

e.v. – Era volgare, nota anche come d.C

5. Il termine Baladi sarà usato in tutto questo libro per indicare l'attuale silenziosa maggioranza degli egiziani che aderiscono alle antiche tradizioni egiziane, con un sottile strato esterno di Islam.[Per maggiori informazioni si veda *Ancient Egyptian Culture Revealed* di Moustafa Gadalla.]

6. Non esistono e non sono mai esistiti scritti/testi dell'Antico Egitto classificati dagli egiziani stessi come "religiosi", "funerari", "sacri" ecc. Il mondo accademico occidentale ha attribuito nomi arbitrari ai testi dell'Antico Egitto, come il "Libro di Questo" e il "Libro di Quello", "divisioni", "affermazioni", "magie" ecc. Gli accademici occidentali hanno persino deciso che un certo "Libro" aveva una "versione tebana" o una "versione di questo o quel periodo". Dopo aver creduto alle sue stesse invenzioni, il mondo accademico ha accusato gli antichi Egizi di commettere errori e di perdere parti dei loro testi?!

Per facilità di consultazione, faremo riferimento alla diffusa ma arbitraria categorizzazione dei testi dell'Antico Egitto stabilita dal mondo accademico occidentale, sebbene essa non sia mai stata utilizzata dagli antichi Egizi stessi.

MAPPA DELL'ANTICO EGITTO

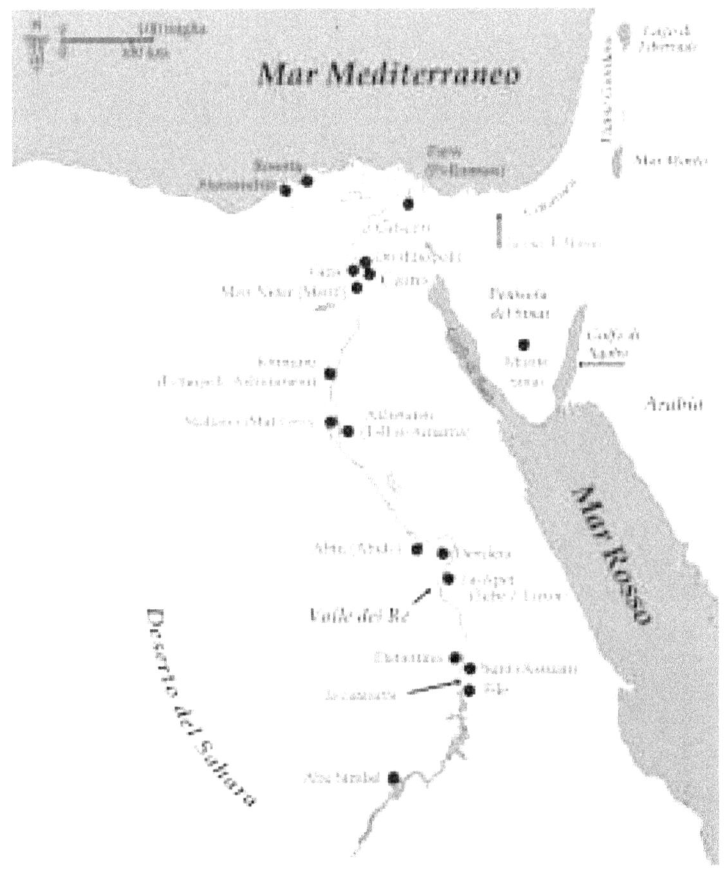

PARTE I : IL CRISTO RE DELLA STORIA

CAPITOLO 1 : GESÙ E LA STORIA

1.1 IL GESÙ DELLA STORIA

– I Vangeli di Matteo, Marco, Luca e Giovanni, scritti diverse generazioni dopo l'epoca degli eventi narrati, affermano che Gesù nacque in Giudea (che si trova tra il Mar Mediterraneo e la depressione araba del Mar Morto/Giordania) al tempo di Erode il Grande (37-4 p.e.v.), e che fu condannato a morte, soffrì e fu crocifisso quando la Giudea era diventata una provincia romana con Ponzio Pilato come procuratore (26-36 e.v.).

– Marco non fu testimone oculare degli eventi che descrisse nella Bibbia. Non lo furono nemmeno Matteo, Luca o Giovanni, che vennero dopo di lui. Nonostante l'esistenza di molti Vangeli di Cristo nella storia della Chiesa primitiva, il Concilio di Trento nel 1546 accettò solo i quattro inclusi nel Nuovo Testamento: quelli di Matteo, Marco, Luca e Giovanni.

=> **Non esistono evidenze probatorie della storia "ordinaria", in base ai quattro Vangeli, della vita e della morte di Gesù. Solo la sua continua ripetizione ha fatto in modo che ci apparisse come un fatto storico consolidato.**

1.2 LA LACUNA STORICA E L'IMPORTANZA DEI VANGELI

Nonostante il racconto evangelico del Gesù della Bibbia, non ci sono mai stati: 1) prove archeologiche a sostegno della sua esistenza; 2) un qualsiasi documento romano che possa testimoniare, direttamente o indirettamente, la storia evangelica di Gesù; 3) una qualche conferma della storia dei Vangeli negli scritti di autori ebrei che vissero in quel periodo a Gerusalemme o ad Alessandria.

Ci furono alcuni tentativi di aggiungere riferimenti al Gesù dei Vangeli, in un momento successivo, ad alcuni scritti di autori ebrei. Si è tuttavia scoperto che tali tentativi erano dei falsi, elaborati sia dai cristiani che volevano convalidare la storicità del loro Signore, sia dai nemici del cristianesimo che volevano attaccare questa religione.

La consueta risposta alla lacuna storica del Gesù biblico è che egli fu un uomo normale, non una figura importante che giustificasse una particolare attenzione o posto nella storia. La Bibbia stessa fornisce prove contrarie a questa tesi screditata.

A. Erode, il re dei Giudei, secondo i seguenti versetti biblici, sapeva di Gesù:

1. Quando Gesù nacque

> *...alcuni Magi giunsero da oriente a Gerusalemme e domandavano: "Dov'è il re dei Giudei che è nato?"... [Matteo 2,1-2]*

2. Il re Erode era venuto a conoscenza di una profezia secondo cui il Cristo doveva nascere a Betlemme,

> *...da te [Betlemme] uscirà un capo che pascerà il mio popolo, Israele. [Matteo 2,6]*

3. Nell'udire tale profezia, Erode fu così turbato dalla notizia della sua nascita, che un angelo del Signore ordinò a Giuseppe,

> *Alzati, prendi con te il bambino e sua madre, e fuggi in*

Egitto, e resta là finché non ti avvertirò, perché Erode sta cercando il bambino per ucciderlo. [Matteo 2,13]

4. Erode era talmente infuriato che egli:

mandò ad uccidere tutti i bambini di Betlemme e del suo territorio dai due anni in giù. [Matteo 2,16]

5. Dopo che Gesù fu condannato a morte dalla gerarchia ebraica, lo consegnarono a Pilato che:

Saputo che apparteneva alla giurisdizione di Erode, lo mandò da Erode, che in quei giorni si trovava anch'egli a Gerusalemme. [Luca 23,7]

Successivamente Pilato riferì ai capi dei sacerdoti,

L'ho esaminato, ma non ho trovato in lui nessuna colpa di quelle di cui lo accusate; e neanche Erode, infatti ce l'ha rimandato. [Luca 23,14-16]

B. La Bibbia ci dice che Gesù era una figura molto importante:

1. Magi di diverse nazioni gli portarono dei doni, secondo Matteo 2,1-2.

2. *È nato <u>per essere Re</u>, secondo Matteo 2,2.*

3. *È nato <u>per essere un sovrano</u>,*

...da te uscirà un capo... [Matteo 2,6]

4. È nato per **governare**,

...<u>che pascerà</u> il mio popolo, Israele [Matteo 2,6]

5. Egli governò come un re, come si deduce da una eccezionale dimostrazione in un capitolo successivo di questo libro, *Il Regno diviso.*

C. Gesù era molto visibile, attirava folle provenienti da tutta la regione e causava un grande trambusto, come si evince dai seguenti versi biblici:

1. La gran folla che era venuta per la festa accolse il suo re. Così prese dei rami di palme e uscì incontro a lui gridando: *"Osanna! Benedetto colui che viene nel nome del Signore, il re d'Israele!"* [Giovanni 12,13]

Una scena egiziana sorprendentemente simile a quella del verso biblico
(Domenica delle Palme)

2. *Gesù percorreva tutta la Galilea, insegnando nelle loro sinagoghe e predicando la buona novella... la sua fama si sparse per tutta la Siria, così condussero a lui tutti i malati*

...E grandi folle cominciarono a seguirlo dalla Galilea... e da oltre il Giordano. [Matteo 4,23-25]

3. *Quelli che avevano mangiato erano circa cinquemila uomini, senza contare le donne e i bambini.* [Matteo 14,21]

4. *...e lo seguì molta folla dalla Galilea. Dalla Giudea e da Gerusalemme e dall'Idumea e dalla Transgiordania e dalle parti di Tiro e Sidone una gran folla, sentendo ciò che faceva, si recò da lui. [Marco 3,7-8]*

5. Ecco una folla di più di 9.000 persone,

Quando ho spezzato i cinque pani per i <u>cinquemila</u>... e i sette per i <u>quattromila</u>... [Marco 8,19-20]

1.3 MOSÈ E GESÙ DELLA STESSA EPOCA

Gli scritti ebraici (che non confermarono mai la storia evangelica di Gesù) parlavano di un *Gesù* di gran lunga precedente.

I rabbini talmudici non collocano il *precedente* Gesù ai tempi di Erode o Ponzio Pilato. Fanno piuttosto riferimento a un Gesù *antecedente* ucciso da un sacerdote di nome Pinhas. Il Talmud è piuttosto specifico: *"Pinhas... uccise lui [Gesù]"* [b. Sanh., 106b]. Pinhas (Fineas nell'Antico Testamento) era il sacerdote, figlio di Eleàzaro, nipote di Aronne, che nel Libro dei Numeri viene riconosciuto come contemporaneo di Mosè.

I riferimenti del Talmud a Pinhas/Fineas e a Gesù furono ignorati perché dimostrano che Gesù viveva allo stesso tempo di Mosè.

La tendenza dei fedeli e di coloro che sono cresciuti con il racconto dei Vangeli è di respingere del tutto i riferimenti talmudici a un Gesù contemporaneo dell'epoca di Mosè. Eppure, elementi di prova dei primi padri della Chiesa, così come la Bibbia stessa, concordano con i libri talmudici.

La Bibbia stessa conferma che Gesù visse quattordici secoli prima di quanto si sia creduto. Ecco l'evento descritto nei Vangeli di Matteo, Marco e Luca, riguardo l'incontro tra Gesù e Mosè, al tempo di quella che è conosciuta come la sua trasfigurazione:

> *Dopo sei giorni, Gesù prese con sé Pietro, Giacomo e Giovanni, e li portò sopra un monte alto, in un luogo appartato, loro soli. Si trasfigurò davanti a loro, e le sue vesti divennero splendenti, bianchissime: nessun lavandaio sulla terra potrebbe renderle così bianche. E apparve loro Elia con Mosè, che discorrevano con Gesù. Prendendo allora la parola Pietro disse a Gesù:*

"Maestro, è bello per noi stare qui; facciamo tre tende, una per te, una per Mosè e una per Elia"... [Marco 9,2-5]

Giovanni, dopo aver fatto riferimento a Isaia per raccontare alcune delle attività di Gesù, continua dicendo:

Questo disse Isaia quando vide la sua gloria e parlò di lui. [Giovanni 12,41]

Giovanni afferma che Isaia vide la gloria di Gesù. Tuttavia, **si dice che Gesù abbia raggiunto la gloria solo <u>dopo la sua morte e la sua resurrezione</u>:**

...Dio, che l'ha risuscitato dai morti e gli ha dato gloria... [1Pietro 1,21]

e anche:

...le sofferenze destinate a Cristo e le glorie che dovevano seguirle... [1Pietro 1,11]

=> Riassumendo, Giovanni riconosceva che Cristo era vissuto e morto prima del tempo degli scritti di Isaia (che visse nella seconda metà dell'VIII secolo p.e.v.)

1.4 GESÙ: IL NAZARENO GNOSTICO

È un errore pensare che *Gesù Nazareno* significhi Gesù proveniente da una città di nome Nazareth situata in Galilea.

Il nome Nazareth **non figura**:

- Nel libro degli Atti
- Nelle Lettere degli Apostoli
- In qualsiasi libro dell'Antico Testamento
- Nel Talmud

- In tutte le opere dello storico giudeo Josephus, al quale fu dato il comando in Galilea al tempo della rivolta ebraica contro i Romani nel 66 e.v.

– Nella versione inglese del Nuovo Testamento la parola *Nazareno* è sempre stata erroneamente tradotta come proveniente da *Nazareth*.

– Il Talmud non accenna mai al fatto che Gesù fosse un galileo o che provenisse dalla città di Nazareth. Il Tal-mud si riferisce a lui come a un Nazareno, indicando una setta religiosa, non una posizione geografica, per esempio in [b. Sanh., 107b]:

Gesù il Nazareno che praticava la magia in Egitto.

I Nazareni erano i componenti di una delle tante sette gnostiche (ricercatrici della conoscenza attraverso l'esperienza spirituale). Fino al giorno d'oggi, gli ebrei di etnia ebraica hanno usato il ter-mine Nazareno per indicare i cristiani. Secondo i seguenti versi biblici, Nazareni indica una setta religiosa

1. ""Abbiamo scoperto che quest'uomo (Paolo) è una peste, fomenta continue rivolte tra tutti i Giudei che sono nel mondo ed è capo della setta dei Nazirei." [Atti 24,5]

2. "Ammetto invece che adoro il Dio dei miei padri, secondo quella dottrina che essi chiamano sette, credendo in tutto ciò che è conforme alla Legge e sta scritto nei Profeti..." [Atti 24,14]

1.5 CONCLUSIONI

– Non esiste uno straccio di prova contemporanea che sostenga la storia del Nuovo Testamento della nascita, della vita o della morte di Gesù.

Tuttavia, vi è una grande quantità di testimonianze che dimo-strano che il Gesù della storia visse molti secoli prima.

– Il Nuovo Testamento, l'Antico Testamento e il Talmud collocano Gesù e Mosè nella stessa epoca. In mancanza di un supporto storico per il Gesù biblico, nel contesto storico dell'Antico Egitto andrebbe esaminato il Gesù della storia.

I capitoli successivi determineranno l'identità della figura storica di Gesù in quella di Tutankhamen/Twtankhamen (Twt-Ankh-Amen). Un elemento chiave dell'analisi sarà confermare l'evidenza dell'Antico Egitto che sia il Mosè biblico (Akhenaton nella storia) che il Gesù biblico (Twt-Ankh-Amen nella storia) appartenevano alla stessa epoca tumultuosa.

Dimostreremo che i due appartengono alla stessa unica epoca, collegando:

1. I loro riconosciuti epiteti.

2. L'identità dei loro rapporti personali (padre, madre, nascita, consorte/moglie).

3. Il ruolo di ciascuno, le attività (nella vita), come re e pacificatore.

4. La loro morte violenta.

CAPITOLO 2 : I SUOI EPITETI

.Il Gesù biblico e Twt-Ankh-Amen condividono molte somiglianze, tra cui la loro pluralità di "nomi". Di seguito una selezione.

2.1 L'IMMAGINE VIVENTE DEL SIGNORE

Twt-Ankh-Amen condivide questo epiteto molto importante con il Gesù biblico. Il vero nome di Twt era Twt-Ankh-**Aton**. Twt-Ankh significa *l'Immagine Vivente*. **Aton** richiama il neter (dio) egiziano, con il significato di *Signore*. Poiché gli ebrei tendono a pronunciare la lettera *t* come *d*, il Signore è chiamato *Adon*.

Pertanto, il nome alla nascita di Twt/Tut significa <u>*l'immagine vivente del Signore.*</u>

2.2 CRISTO

Il termine italiano *Cristo* deriva dal "greco" *Christòs* – una parola alterata dell'Antico Egitto con le consonanti HRST. Siccome i Greci non riuscivano a pronunciare la lettera H (l'ottava lettera, che pronunciano *eta*), ne sostituirono il suono con le lettere Ch. Le consonanti del nome Cristo sono HRST, che significano **HeRu** (Horus), figlio di ST (**auST**/Isis). Il ruolo di Twt/Tut-Ankh-Amen come faraone egizio era (simbolicamente) quello del figlio di una Madre Vergine – **Auset** (Isis).

2.3 MESSIA

La parola italiana Messia deriva anche dall'ebraico e dall'aramaico Mashih, che nella sua forma verbale *MeSHeH* significa ungere. Questa parola è di origine egiziana, dove **MeSSeH** [la lettera ***s*** in egiziano equivale a ***sh*** in ebraico e aramaico] indicava il rituale dell'unzione dei sovrani dell'Antico Egitto (incluso Twt-AnkhAmen) con il grasso di coccodrillo, come si usava per tutti i re dell'Antico Egitto a partire almeno dal 2700 a.C. L'unzione era un rituale che si praticava durante l'incoronazione del sovrano egizio. Quindi *Cristo/Messia significa colui che è unto, che è il re.*

Di conseguenza, il faraone egizio Twt/Tut-Ankh-Amen era anche il Messia.

Il concetto di nascita del Messia senza rapporti sessuali trae la sua origine nell'Antico Egitto. Si dice che Iside abbia concepito suo figlio Horus dopo la morte del marito Osiride. La forza cosmica responsabile della sua fecondazione era MeSSeH, la stella del coccodrillo, come si legge nella formula 148 dei *Testi dei Sarcofagi*:

> *"La stella del coccodrillo (Messeh) colpisce... Iside si sveglia gravida con il seme di Osiride, cioè Horus".*

2.4 GESÙ/GIOSUÈ

I nomi *Giosuè* (*Ye-ho-shua* in ebraico) e *Gesù* (*Yeshua* nella sua forma breve) hanno lo stesso significato, ovvero: *Yahwèh (il Signore) è salvezza.* Il testo greco della Bibbia riporta entrambi i nomi come *Gesù. La Bibbia di re Giacomo* e molti dei primi Padri della Chiesa del II e III secolo e.v. si riferiscono a *Giosuè* e a *Gesù* come a una persona sola.

Twt-Ankh-Amen, come faraone egizio, era il Signore della Salvezza, che rappresentava Osiride sulla Terra. [Maggiori similitudini si trovano più avanti in questo libro.]

2.5 EMMANUELE/EMANUELE

Emanuele è un altro nome che l'evangelista Matteo applica a Gesù: *"..chiameranno il suo nome Emmanuel, che interpretato significa 'Dio è con noi'".* [1,23]

Si potrebbe interpretare Emmanuel in due modi, dividendo la parola nei suoi elementi principali:

1. Emma-nu (con noi) e El (Elohim, Dio) cioè *Dio è con noi.*

2. Emman-u (il suo Amun) e El (è Dio) cioè *il Suo Amun è Dio.*

La prima interpretazione di Emmanuel fu intenzionalmente evidenziata nella Bibbia, per nascondere il fatto che si intendeva la seconda, cioè il suo **Amen è Dio.** [Si vedano ulteriori dettagli in un prossimo capitolo.]

Quest'ultima interpretazione si ritrova nel sovrano Twt che cambia il suo nome da Twt-Ankh-**Aton** a TwtAnkh-**Amen**.

Il rapporto tra Emmanuele e **Amen** si trova in:

[Apocalisse 3,14] *E all'angelo della Chiesa di La-o-di-cea scrivi: «Così parla l'Amen, il Testimone fedele e verace, il Principio della creazione di Dio».*

e [2Corinzi 1,19, 20] *Il Figlio di Dio, Gesù Cristo. Attraverso lui sale a Dio il nostro Amen per la sua gloria.*

Il significato e il ruolo di Amen nel sistema dell'Antico Egitto è esattamente come descritto nei versi biblici appena menzionati.

2.6 BEN PANDIRA (FIGLIO DI DIO)

In alcuni passaggi del Talmud, Gesù è chiamato Ben Pandira, ovvero il figlio di Pandira.

Pandira è una forma ebraica alterata di un antico epiteto egiziano. La parola ebraica **Pa-ndi-ra**, nella sua forma originale è **Pantr-ra** (che si pronuncia *Pa-neter-ra*). Ben significa *figlio*. Ben Pandira, quindi, significa *Figlio di Dio* [Figlio del **neter** (dio) **Ra**]. A partire dal 3000 p.e.v. circa, tutti i sovrani egizi avevano il titolo di **Figlio di Ra.**

Di conseguenza, *Ben Pandira* (figlio di **Ra**) riconosce Gesù come un sovrano egizio. Il titolo, *Figlio di **Ra***, è inciso sulla stele di Twt/ TutAnkh-Amen, ritrovata nel tempio di Karnak nel 1905.

CAPITOLO 3 : L'UOMO DIVINO

3.1 IL GESÙ BIBLICO – IL FIGLIO DIVINO

– L'affermazione dei Vangeli, secondo la quale Gesù nacque a Betlemme durante l'epoca romana, non è mai stata supportata da una qualche forma di testimonianza storica.

– La nascita di Gesù non è menzionata negli scritti del Nuovo Testamento del I secolo p.e.v.; solo i più recenti scrittori del Vangelo ne parlano. Due dei quattro Vangeli menzionano la sua nascita, anche se differiscono nei dettagli.

– Nel 200 e.v., la Chiesa emanò il credo secondo cui Gesù Cristo fu *"concepito per opera dello Spirito Santo"* e *"nacque da Vergine Maria"*.

– Il concetto di vergine si evolse ulteriormente quando il Concilio di Trullo, nel 692 e.v., dichiarò che Maria, la madre di Gesù, rimase *sempre vergine*.

– L'idea della vergine raggiunse l'apice negli scritti di San Tommaso d'Aquino, nel XIII secolo. La chiesa approvò quanto egli affermava:

> *Poiché avendo concepito Cristo senza la sozzura del peccato e senza il detrimento del connubio con l'uomo, ha generato senza dolore e senza violare la sua integrità, conservando intatto il suo candore verginale.*

=> La Nascita Verginale, pertanto, divenne un *fatto* storico (non spirituale) dettato della Chiesa.

La nascita divina (verginale) del sovrano egizio è un tema ricorrente nei templi e negli scritti dell'Antico Egitto. Nell'Antico Egitto la nascita divina era considerata come un aspetto della purezza spirituale. Anche se il bambino veniva spiritualmente ritenuto il figlio della divinità, questo non escludeva un padre umano o un rapporto sessuale tra i genitori. In termini simbolici, lo spirito della divinità usava il corpo fisico della regina per generare il bambino. Nella tradizione cristiana, però, non è coinvolto alcun padre umano: la madre è una vergine e il bambino è concepito dallo Spirito Santo senza alcun rapporto sessuale.

L'immacolata concezione del sovrano è documentata non solo nelle scene ma anche nei testi ritrovati in molti luoghi, come sulla parete nord del colonnato centrale del tempio funerario della regina Hatshepsut a Deir el-Bahari, così come nel tempio a Luxor. Nel Tempio di Luxor, nella *camera della nascita*, come la chiamano gli egittologi classici, troviamo la scena della concezione spirituale e della nascita del sovrano. I rilievi sul muro occidentale rappresentano una scena con molte similitudini con l'Immacolata Concezione cristiana. Il re era un uomo regale e responsabile, dotato di potenzialità divine. <u>Il sovrano egizio è quindi considerato il figlio spirituale di Dio</u>, il figlio dei **neteru**, i princìpi divini.

=> La storia del modello egizio di Iside, Osiride e Horus rappresenta l'idea della nascita verginale, nella sua forma spirituale originale e più pura [ulteriori dettagli nella prossima parte di questo libro].

3.2 TWT-ANKH-AMEN – IL FIGLIO DIVINO

Twt-Ankh-Amen nacque nella città di Amarna, la residenza scelta da suo padre Akhenaton.

Amarna deve il suo nome ad Amran (o Imran), che è il nome del dio (padre) di Akhenaton e anche il nome dato nella Bibbia al padre di Mosè.

Sull'altro lato del Nilo rispetto a Tell-el Amarna si trova la città di **Mal-Lawi** (Mal-Levi), che letteralmente significa *la città dei Leviti.* Secondo la Bibbia, i Leviti avevano ruoli sacerdotali nel periodo di Mosè, ma in realtà occupavano le stesse posizioni con Akhenaton (padre di Twt).

=> Questo è un altro segno che Gesù e Mosè vissero nella stessa epoca.

3.3 IL PADRE DI TWT-ANKH-AMEN

Suo padre era Akhenaton, secondo le prove ottenute rispondendo alle seguenti domande:

1. Twt-Ankh-Amen era il figlio o il fratello di Akhenaton?

- Prima di governare da solo, Akhenaton ebbe una coreggenza con il padre Amenofi III per dodici anni. Stando a una tunica trovata nella tomba di Twt/Tut-AnkhAmen, egli nacque durante il settimo anno di Akhenaton ad Amarna. Le prove della tunica forniscono due conclusioni:

    a. Siccome la datazione della tunica riporta ad Akhenaton, allora e secondo le tradizioni dell'Antico Egitto, Akhenaton era suo padre.

    b. L'anno 7 di Akhenaton implicherebbe che Twt/Tut-AnkhAmen avesse dieci anni quando salì al trono, e diciannove quando morì. Queste date sono confermate sia dall'esame anatomico del suo corpo che dagli oggetti datati trovati nella sua tomba.

2. La madre di Akhenaton, la regina Tyi, era la madre o la nonna di Twt-Ankh-Amen?

- Come affermato in precedenza, Twt-Ankh-Amen nacque nell'anno 7 del padre Akhenaton. Durante la coreggenza di Amenofi III e Akhenaton, l'anno 7 di Akhenaton corrisponde all'anno 33 di Amenofi III. A quel tempo, la regina Tyi aveva circa 41 anni. Due anni prima aveva messo al mondo una figlia, Baketaton.

Perciò, ipoteticamente, la regina Tyi avrebbe potuto partorire un figlio all'età di 41 anni. Tuttavia, le prove trovate nella tomba del nobile egizio Huya indicano che la prima visita di Tyi ad Amarna avvenne durante o dopo l'anno 10 di Akhenaton, cioè tre anni dopo la nascita di Twt-Ankh-Amen.

La tunica sopra citata indica una nascita nell'anno 7 di Akhenaton ad Amarna, cioè in un momento e luogo in cui Tyi non era presente.

Quindi, la logica conclusione è che Akhenaton fosse il padre di Twt-Ankh-Amen, e la regina Tyi ne fosse la nonna.

3.4 IL PADRE DEL GESÙ BIBLICO

– Solo due dei quattro Vangeli ci raccontano che Giuseppe il falegname fu il padre ombra di Gesù. La Bibbia ci riferisce che questo Giuseppe era un discendente del re Davide. Nonostante tutte queste chiare indicazioni, la Bibbia insiste sul fatto che Gesù, che non è il figlio biologico di questo Giuseppe, sia il discendente del re Davide!

– Questo Giuseppe, *il falegname*, scompare dalla scena prima del supposto ministero di Cristo. Nulla viene detto sul suo destino!

– Gesù è di discendenza reale, secondo Matteo 1,1, *"Gesù Cristo, figlio* [discendente] *di (re) Davide"*.

– L'ordine del banchetto messianico (cena pasquale) affermava che Dio avrebbe *"generato"* il Messia davidico. Lo afferma anche il secondo libro di Samuele 7,13-14:

Stabilirò il trono del suo regno per sempre. Io sarò per lui padre ed egli sarà per me figlio.

Il Nuovo Testamento (Ebrei 1,5) conferma lo stesso concetto del Messia come Figlio di Dio, *"generato"* del Padre.

– Altri punti relativi al padre (divino) di Gesù, come l'immacolata concezione, sono stati discussi in precedenza in questo capitolo.

=> La relazione tra il Gesù biblico e suo padre (il Divino) corrisponde esattamente al concetto che si ritrova nel modello allegorico dell'Antico Egitto di Osiride, Iside e Horus. [Ulteriori informazioni nei successivi capitoli, *Le sacre famiglie dell'Antico Egitto e cristiane*, e *La via di Horus/Cristo*.]

3.5 LA MADRE DI TWT-ANKH-AMEN

Dal momento che Akhenaton era il padre di Twt/Tut-Ankh-Amen (come dimostrato in precedenza), sua moglie, Nefertiti, deve esserne stata la madre.

Prima della nascita di Twt-Ankh-Amen, Nefertiti aveva avuto tre figlie, e altre tre in seguito. Grazie ai reperti archeologici trovati nella residenza settentrionale di Amarna, si può concludere che Nefertiti rimase lì con suo figlio Twt-Ankh-Amen prima e dopo l'inizio del suo regno. Anche questo conferma il rapporto materno.

3.6 LA MADRE DEL GESÙ BIBLICO

Il nome biblico della madre di Gesù è Maria. Molte donne nella Bibbia portano il nome di *Maria*. Le due donne più vicine a Gesù si chiamavano **Maria**: sua madre e **Maria** Maddalena.

L'origine della parola *Maria* risale all'Antico Egitto, nella versione scritta **Mr** (le vocali sono state aggiunte dagli studiosi moderni per riuscire a pronunciare l'antica lingua), e significa *l'amata.* Il nome **Maria** è una delle parole più ripetute nei testi dell'Antico Egitto. Era usato come aggettivo (epiteto) davanti a nomi di persone, **neteru** (dèi)... ecc. Questo epiteto fu applicato anche a molte delle famiglie reali egizie, tra cui quella di Nefertiti e di Ankhsenpa-aton (moglie di Twt-Ankh-Amen).

Nel Talmud, la Madre Maria è stata descritta come

"la discendente di principi e sovrani" [b. Sanh., 106a]. Questa descrizione può adattarsi solo a Nefertiti, la Madonna biblica.

=> La famosa scena cristiana della Vergine col Bambino è la copia di una statua comune e frequente nell'Antico Egitto, cioè la statua di Iside e di suo figlio Horus, risalente al VI secolo p.e.v., e ora custodita al Museo Egizio di Torino. Fu questa statua a ispirare Masaccio, pittore del XV secolo, nella sua presentazione della Vergine col Bambino. Possiamo facilmente trovare una o più statue del genere nei musei di tutto il mondo.

Il ruolo di Iside nel modello storico egiziano e la storia della Vergine Maria sono sorprendentemente simili, perché entrambe furono in grado di concepire senza inseminazione da parte del maschio. Horus fu concepito e nacque dopo la morte del marito di Iside, e in tal senso Iside era venerata come la **Vergine Madre**.

L'ideale di verginità era la pietra angolare delle tradizioni dell'Antico Egitto. Le donne dell'Antico Egitto venivano raffigurate con un copricapo a forma di avvoltoio. La scelta dell'avvoltoio per questo specifico ruolo femminile deriva dal fatto che:

a. Si suppone che questo animale sia molto premuroso nel prendersi cura dei suoi piccoli.

b. Non vi sono rapporti sessuali di tipo fisico tra il maschio e la femmina dell'avvoltoio. <u>La femmina si feconda da sola aspettando di ricevere i semi maschili portati dal vento. L'avvoltoio è quindi il simbolo della nascita verginale.</u>

- Ankhsenpa-**Aton** era, come risulta evidente dal suo nome, una veneratrice di **Aton** (*Adonai* in ebraico).

- Era la terza figlia della regina regnante Nefertiti. I sovrani di Amarna non rispettarono la regola diffusa nell'Antico Egitto secondo cui solo la figlia maggiore ereditava il trono, ma stravolsero le tradizioni. La figlia maggiore di Nefertiti sposò Semenkhare (fratello di Akhenaton) – che precedette Twt-AnkhAmen – mentre la seconda figlia morì prima.

- Come spiegato in precedenza, fu chiamata **Maria**, un epiteto egiziano che significa *amata*.

- Twt-Ankh-Aton/Amen e Ankhsenpa-Aton sono raffigurati in diverse scene, sempre in pose rilassate e romantiche. Si riesce a percepire il suo amore per Twt-AnkhAmen, simile a quello di Maria Maddalena per il Gesù biblico.

- Nella tomba di Twt-AnkhAmen sono stati ritrovati dei vasetti di alabastro di unguento. Sua moglie è raffigurata dietro il suo trono mentre lo unge di profumo, proprio come gli evangelisti dicevano che Maria Maddalena facesse con il Gesù biblico.

Come moglie e regina, era l'unica persona che poteva partecipare ai suoi riti funerari, assistere i sacerdoti nell'annunciare la sua

Resurrezione, e dare la notizia ai suoi discepoli. Nella tomba di Twt-Ankh-Amen viene raffigurata mentre esegue tutto questo.

3.8 LA CONSORTE DEL GESÙ BIBLICO

Maria, nome dato alla maggior parte delle donne nella Bibbia, nell'Antico Egitto significava *amata*. Della parola *Magdalena* è stato spiegato che appartiene o proviene dalla città di Magdala, un luogo non identificata sulla sponda occidentale del Mare di Galilea. Il termine **migdol** significa *torre*. Una città chiamata Migdol era situata sulla Strada di Horus, che andava dall'Egitto a Gaza.

Tale Maria è descritta nella Bibbia come una persona legata affettivamente a Gesù.

> *Giunse una donna con un vasetto di alabastro, pieno di olio profumato di nardo genuino di gran valore; ruppe il vasetto di alabastro e versò l'unguento sul suo capo.* [Marco 14,3]

> *E, stando dietro, presso i suoi piedi, piangendo cominciò a bagnarli di lacrime, poi li asciugava con i suoi capelli, li baciava e li cospargeva di olio profumato.* [Luca 7,38]

In conseguenza di questo stretto legame, "Maria Maddalena" diventò una di quelle persone che seguirono il Gesù biblico fino alla sua morte. Gli fu molto vicina. Dopo la sua morte, aspettò nel suo luogo di sepoltura temporaneo. Fu a lei che il Gesù biblico parlò dopo la resurrezione:

> *Gesù le disse: "Maria!". Ella allora, voltatasi verso di lui, gli disse in ebraico: "Rabbuni!", che significa: Maestro! Gesù le disse: "Non mi trattenere, perché non sono ancora salito al Padre; ma va' dai miei fratelli e di' loro: Io salgo al Padre mio e Padre vostro, Dio mio e Dio vostro".* [Giovanni 20,16-17]

Questa descrizione biblica è raffigurata nella tomba di Twt-Ankh-Amen.

CAPITOLO 4 : IL REGNO DIVISO

4.1 IL GESÙ BIBLICO – IL RE

Descrivere il Gesù biblico come un uomo comune appartenente a una famiglia di umile condizione, significa contraddire le prove schiaccianti della Bibbia stessa secondo la quale egli era un sovrano dotato di potere e autorità. Ecco alcuni riferimenti biblici:

1. La Bibbia lo descrive come se avesse sangue reale, nato "<u>re dei Giudei</u>". La Bibbia ci dice che quando nacque Gesù,

> *alcuni Magi giunsero da oriente a Gerusalemme e domandavano: "Dov'è il re dei Giudei che è nato?"...* [Matteo 2,2-3]

2. Nella Bibbia si legge che a Erode, il re della Giudea, venne raccontata una profezia per cui il Gesù biblico doveva diventare

> *...un capo che pascerà il mio popolo, Israele.* [Matteo 2,6]

La descrizione biblica di "<u>un capo che pascerà</u>" non lascia dubbi sul suo ruolo rilevante.

3. Fu un uomo autorevole:

> *Quando Gesù ebbe finito questi discorsi, le folle restarono stupite del suo insegnamento: egli infatti insegnava loro*

come uno che ha autorità e non come i loro scribi. [Matteo 7,28-29]

4. La folla si riferiva a lui sempre come *"Signore"* in diverse occasioni, indicando una persona in posizione elevata.

5. Dimostrò la sua autorità quando ordinò ai suoi discepoli di portare l'asina e il puledro di qualcun altro, perché:

<u>"Il Signore ne ha bisogno."</u> "...Gesù mandò due dei suoi discepoli dicendo loro: "Andate nel villaggio che vi sta di fronte: subito troverete un'asina legata e con essa un puledro. Scioglieteli e conduceteli a me. Se qualcuno poi vi dirà qualche cosa, risponderete: 'Il Signore ha bisogno.'" [Matteo 21,1-3]

6. I seguenti versi biblici descrivono il suo ruolo di re degli Ebrei.

Dite alla figlia di Sion: Ecco, il tuo re viene a te mite, seduto su un'asina, con un puledro figlio di bestia da soma. [Matteo 21,5]

Un verso molto simile viene riportato da Giovanni 12,13-15.

7. L'unica domanda che gli venne fatta, indica che egli era il re,

"Allora Pilato prese a interrogarlo: "Sei tu il re dei Giudei?". Ed egli rispose: "Tu lo dici". [Marco 15,2]

Dei versi molto simili sono riportati da Matteo 27,11 e Luca 23,3-4.

8. Poco tempo dopo fu nuovamente chiamato re,

Salve, re dei Giudei! [Matteo 27,29]

9. Un altro riferimento a lui come re,

Cominciarono poi a salutarlo: "Salve, re dei Giudei!" [Marco 15,18]

10. L'accusa mossa nei suoi confronti, causa della sua condanna, fu di essere il "re dei Giudei". Si legge ancora:

Al di sopra del suo capo, posero la motivazione scritta della sua condanna: "Questi è Gesù, il re dei Giudei". [Matteo 27,37]

E l'iscrizione con il motivo della condanna diceva: "Il re dei Giudei". [Marco 15,26]

11. Altri riferimenti a lui come re,

È il Re d'Israele... [Matteo 27,42]

Il Cristo, il re d'Israele, scenda ora... [Marco 15,32]

...e dicendo: "Se tu sei il re dei Giudei, salva te stesso!" C'era anche una scritta, sopra il suo capo: 'Questi è il re dei Giudei.'" [Luca 23,37-38]

12. Anche qui viene chiamato re dei Giudei,

Ed egli rispose loro: "Volete che vi rilasci il re dei Giudei?" [Marco 15,9]

13. Un altro riferimento a lui come re,

"Pilato replicò: 'Che farò dunque di quello che voi chiamate re dei Giudei?'" [Marco 15,12]

14. Era il discendente dei re,

Gesù Cristo, figlio [che significa discendente] *di (re) Davide* [Matteo 1,1]

15. La Bibbia afferma chiaramente che Gesù ereditò il trono del re Davide,

il Signore Dio gli darà il trono di Davide suo padre [cioè un suo antenato]. [Luca 1,32]

16. In molte occasioni nella Bibbia la gente comune lo definiva *"Figlio di Davide"*, cosa che fornisce ulteriori prove che il Cristo della storia era di origine regale.

Il Talmud ammette che:

1. Il Gesù della storia era di origine regale, poiché descriveva sua madre come:

"la discendente di principi e sovrani" [b. Sanh., 106a]

2. Il Gesù della storia fu in (proveniva dall') Egitto:

Gesù il Nazareno che praticava la magia in Egitto. [b. Sanh., 107b]

3. Gesù fu un re

...Sembra che il re è crocifisso. [T. Sanh., 9.7]

4.2 TWT-ANKH-AMEN – IL RE

Twt-Ankh-Amen, come Gesù, può essere descritto anche come: il Figlio dell'Altissimo seduto sul trono di suo padre (qui *padre* significa *antenato*).

Il giovane re aveva dieci anni quando iniziò a governare nel 1361 p.e.v., come coreggente di suo padre Akhenaton, che era stato esiliato. Di seguito sono elencati i momenti salienti dei suoi nove anni di regno.

Per quattro anni continuò a vivere ad Amarna, e durante questo periodo fu chiamato ancora Twtankh-**Aton**. Nefertiti continuò a vivere con i suoi figli nella residenza settentrionale di Amarna. Veniva ancora chiamata *la moglie del grande re*, a riprova del fatto che Akhenaton era ancora vivo e influente.

Durante l'Anno 4, la coreggenza con Akhenaton finì e Ay (zio di Akhenaton) divenne di fatto il tutore del giovane re. In seguito la sua residenza venne spostata da Amarna a Menfi, a sud-ovest della moderna Cairo. In quel momento, egli cambiò il suo nome da Twt-Ankh-**Aton** a Twt-Ankh-**Amen**, mentre il nome della sua regina cambiò da Ankhsenpa-Aton a Ankhsenpa-**Amen**. La novità era in ossequio al riconoscimento di **Amon/Amen**.

Il cambio di nome non rifletteva un cambiamento di sentimenti, perché egli aderiva ancora del tutto al culto di **Aton**, com'è evidente dal suo trono recuperato. Nella parte centrale si può notare il simbolo dell'**Aton,** con i raggi estesi, mentre porge l'ankh, la chiave egiziana della vita, a Twt-Ankh-Amen e a sua moglie. Sul trono sono visibili due cartigli di Twtankhamen. Uno di essi dimostra che il re usava questo seggio dopo aver cambiato nome.

Furono ristrutturati gli edifici e i terreni di templi trascurati durante il regno di Akhenaton. Una stele di Twt-Ankh-Amen a Karnak include l'ordine ufficiale del lavoro:

Ora Sua Maestà apparve come re nel momento in cui i templi dei Neteru, da Elefantina fino alle paludi del Delta, cadevano in rovina e si iniziavano a trascurare i santuari. Si erano trasformati in montagne ricoperte di erbacce, e sembrava che i santuari non fossero mai esistiti.

Un testo su un leone di granito rosso al British Museum si riferisce a Twt-Ankh-Amen come colui che:

Ripristinò i monumenti del suo [antenato] Amenofi III.

=> Questo ricorda molto la protesta che si dice Gesù abbia fatto sulle condizioni del tempio di Gerusalemme.

4.3 TWT-ANKH-AMEN – IL REGNO DIVISO

In entrambi i casi, quello di Twt/Tut-Ankh-Amen e di Gesù della Bibbia, l'evidenza indica una profonda divisione nel regno. Akhenaton, il padre del re Twt, si inimicò il popolo. Dopo alcuni anni di tirannia, Akhenaton fu costretto ad abdicare e a ritirarsi nel Sinai con i suoi sostenitori.

Nel 9° anno del suo regno, Twt-Ankh-Amen, accompagnato da Ay, andò sul Sinai per cercare di convincere Akhenaton e i suoi sostenitori a tornare in Egitto. Voleva che vivessero in armonia con persone di fedi diverse, che loro invece consideravano nemici. Il suo era un messaggio ripetuto di riconciliazione, perdono e tolleranza. A differenza del padre, egli accettava che non tutti avessero la stessa idea di Dio e che non tutti lo adorassero allo stesso modo. Il suo messaggio era: *vivi e lascia vivere*.

Invece di essere accettato, fu accusato di tradire la sua fede e ucciso.

4.4 IL GESÙ BIBLICO – IL REGNO DIVISO

Allo stesso modo, il Gesù della Bibbia si mosse esclusivamente per riportare indietro i seguaci scontenti di Adonai/Aton:

> *Questi dodici (discepoli) Gesù li inviò dopo averli così istruiti: "Non andate fra i pagani e non entrate nella città dei Samaritani; rivolgetevi piuttosto alle pecore perdute della casa d'Israele".* [Matteo 10,5-6]

Il Gesù biblico, che venne chiamato numerose volte *re dei Giudei*, non abbandonò mai le sue credenze ebraiche, come confermato da Matteo 5,17:

> *Non pensate che io sia venuto ad abolire la Legge o i Profeti, non son venuto per abolire, ma per dare compimento.*

Ecco alcuni chiari riferimenti biblici alla divisione nel suo regno, mentre si rivolgeva agli Ebrei:

> 1. *...egli disse loro: "Ogni regno discorde cade in rovina, e nessuna città o famiglia discorde può reggersi. Ora, se Satana scaccia Satana, egli è discorde con se stesso; come potrà dunque reggersi il suo regno?* [Matteo 12,25-26]

> 2. *Se un regno è diviso in se stesso, quel regno non può reggersi; se una casa è divisa in se stessa, quella casa non può reggersi.* [Marco 3,24-25]

> 3. *Egli, conoscendo i loro pensieri, disse: "Ogni regno diviso in se stesso va in rovina e una casa cade sull'altra".* [Luca 11,17].

Come Twt/Tut, anche il suo messaggio era di riconciliazione, perdono e tolleranza. Questo significato fu molto chiaro nel suo Sermone sul Monte, del quale sono menzionate alcune parti di seguito.

1. *Beati gli operatori di pace, perché saranno chiamati Figli di Dio.* [Matteo 5,9]

2. *Non giudicate, e non sarete giudicati; non condannate, e non sarete condannati; perdonate, e vi sarà perdonato; date, e vi sarà dato; una buona misura, pigiata, scossa e traboccante vi sarà versata nel grembo, perché con la misura con cui misurate, sarà misurato a voi in cambio.* [Luca 6,37-38]

Allo stesso modo, le sue suppliche non furono accettate. Fu invece accusato di tradire la sua fede, e venne ucciso.

CAPITOLO 5 : LA MORTE NEL DESERTO

5.1 TWT-ANKH-AMEN

La morte violenta di Twt/Tut-Ankh-Amen è assai evidente dalle condizioni della mummia. Nel 1968, il professor R.G. Harrison, defunto anatomista dell'Università di Liverpool, e A.B. Abdalla, professore di anatomia all'Università del Cairo, svolsero un accurato esame della mummia di Twt, che comprendeva anche una radiografia. Dal loro rapporto si evince quanto segue:

> *...la mummia non era composta da un solo pezzo. La testa e il collo erano separati dal resto del corpo, e gli arti erano stati staccati dal tronco...*

> *...gli arti erano rotti in molti punti, oltre che staccati dal corpo. Il braccio destro si era rotto al gomito, separando la parte superiore del braccio dall'avambraccio e dalla mano... Il braccio sinistro era rotto al gomito, e anche al polso... La gamba sinistra era rotta al ginocchio*

...Le teste dell'omero destro [osso della parte superiore del brac-cio] ed entrambi i femori [ossa della coscia] erano staccate dal resto dell'osso...

...La testa e il collo erano separati dal tronco nel punto dell'articolazione tra la settima vertebra cervicale e la prima vertebra toracica.

I tessuti del volto erano contratti sul cranio...

I denti erano serrati con fermezza...

Le radiografie del torace confermarono la delicatezza con la quale erano stati eliminati lo sterno e la maggior parte delle costole nella parte anteriore del petto.

Con l'esame non si riuscì a trovare alcuna prova che la morte fosse stata causata da una malattia, e dallo stato dei suoi resti è evidente che Twt/Tut-Ankh-Amun non morì per cause naturali, ma che deve essere stato esposto a gravi torture fisiche, e poi impiccato.

La maschera funeraria di Twt-Ankh-Amen, la migliore immagine mai ritrovata di un faraone, mostra gli occhi sofferenti del giovane sovrano nel momento della sua morte.

Howard Carter, che scoprì la tomba di Twt-AnkhAmen nel 1922, fece numerose osservazioni in merito al suo contenuto, che fornirono ulteriori impressionanti analogie tra Twt-Tut-Ankh-Amen e il Gesù della Bibbia. Carter riferì di aver trovato molti oggetti nella tomba di Twt-Ankh-Amen che *si collegavano "a credenze e pratiche cristiane successive"*, quali:

a. Il suo scettro, utilizzato unitamente alle offerte. Contiene questo testo:

Il bel Dio, amato, dal volto abbagliante come Aton quando splende... Twt-Ankh-Amen.

– Il testo è molto simile ai racconti biblici della Trasfigurazione di Gesù e del suo *"volto brillante"* sul monte poco prima di morire.

b. Frutti e semi di marruca, un albero che assomiglia al biancospino, originario dell'Antico Egitto, utilizzato come cibo o medicinale, che si dice avesse anche un qualche significato religioso.

– Si dice che questi arbusti spinosi siano stati usati per la corona di spine di Cristo:

E i soldati, intrecciata una corona di spine, gliela posero sul capo... [Giovanni 19,2]

c. Due tonache rituali, che Carter riconobbe come *"la stessa dalmatica sacerdotale indossata dai diaconi e dai vescovi cristiani".*

Le testimonianze botaniche ritrovate nella tomba dimostrano che Twt/Tut-Ankh-Amen deve essere morto in primavera e sepolto 70 giorni dopo, il tempo necessario per la mummificazione e gli altri trattamenti successivi prima dell'effettiva sepoltura. Fiori e frutti di primavera sono stati trovati nelle corone, in cima alla seconda e terza bara, essiccati prima dell'uso. La corona sulla terza bara era composta di frutti di mandragora, tagliati a metà ed essiccati prima di essere attaccati alla ghirlanda stessa. Inoltre, il loto blu utilizzato in queste corone non fiorisce fino all'estate.

Probabilmente Twt-Ankh-Amen è morto in aprile, quando morì anche il Cristo della Bibbia. Il momento della morte coincide con la festa ebraica della Pasqua (e successivamente della Pasqua cristiana). Entrambe le usanze religiose furono adottate in base alla

Pasqua dell'Antico Egitto [per dettagli si veda l'ultimo capitolo di questo libro].

5.2 IL GESÙ DELLA BIBBIA

1. Com'è morto?

Sembra che esistano delle contraddizioni tra i resoconti della morte di Gesù.

Il Nuovo Testamento afferma che Gesù fu crocifisso:

- *Dopo averlo quindi crocifisso...* [Matteo 27,35]

- *Poi lo crocifissero...* [Marco 15,24]

- *Quando giunsero al luogo detto Cranio, là crocifissero lui...* [Luca 23,33]

- *I soldati poi, quando ebbero crocifisso Gesù...* [Giovanni 19,23]

- *Paolo dichiarò:*
  ...Gesù, che voi avete crocifisso! [Atti 2,36]

Tuttavia, la crocifissione era una forma di esecuzione romana, non israelita. Questo è ciò che ci si aspetterebbe se Gesù fosse stato processato e condannato a morte da un tribunale romano, cosa mai accaduta. Egli fu condannato a morte dalla gerarchia ebraica. Gli Israeliti impiccavano il condannato a un albero, come si legge nel [Deuteronomio 21,22]:

> *Se un uomo avrà commesso un delitto degno di morte... e appeso a un albero.*

Anche nel Nuovo Testamento vi sono riferimenti all'impiccagione di Gesù, come racconta Pietro:

- *...Gesù, che voi avevate ucciso appendendolo alla croce* [Atti 5,30]

- *E noi siamo testimoni di tutte le cose da lui compiute nella regione dei Giudei e in Gerusalemme. Essi lo uccisero appendendolo a una croce... [Atti 9,39]*

- *...lo trassero giù dal legno e lo deposero in un sepolcro. [Atti 13,29]*

L'Antico Testamento afferma che Gesù fu impiccato a un albero,

Il suo cadavere non dovrà rimanere tutta la notte sull'albero, ma lo seppellirai lo stesso giorno, (perché l'appeso è una maledizione di Dio)... [Deuteronomio 21,23]

Il Talmud si riferisce a Gesù come se fosse stato

a. <u>crocifisso,</u> come sostiene [T. Sanh., 9.7]:

Sembra che il re [Gesù] sia crocifisso

b. e <u>impiccato:</u>

...essi impiccarono Gesù [b. Sanh., 106b]. Lo impiccarono alla vigilia della Pasqua [b. Sanh., 43a]

La croce è menzionata nel Vangelo di Tommaso non come simbolo di morte, ma di eterna vita spirituale, nella stesso senso che troviamo in entrambi i vangeli canonici [Marco 8,34, e la Lettera di Paolo ai Galati 2,20].

La teologia della Croce di Paolo non si concentrava sulle sofferenze e sulla morte di Gesù, ma sulla sua resurrezione e sulla promessa della vita eterna.

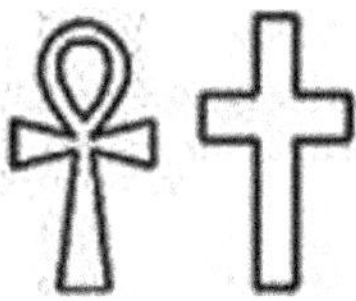

Similmente nell'Antico Egitto, l'ankh, una croce con un cerchio o anello nella parte superiore, era ampiamente usato nella cultura egiziana come segno di vita eterna. Veniva spesso posto tra le mani dei defunti come *"emblema di incarnazione e di nuova vita futura"*. Inoltre, il segno della croce era comunemente composto con le braccia dei defunti, come è stato sempre riscontrato sul petto delle mummie.

=> Di conseguenza, *l'impiccagione* era il metodo dell'esecuzione, e la *crocifissione* era/è una figura retorica che indica la vita eterna.

2. Chi lo condannò? E perché?

Il Nuovo Testamento incolpa chiaramente e totalmente i sacerdoti israeliti della condanna a morte. Egli era in contrasto con la gerarchia giudaica. La loro accusa nei suoi confronti era di blasfemia contro le Scritture ebraiche. La Bibbia non parla di nessuna accusa contro di lui da parte di un qualsiasi romano. Ecco degli esempi:

a. ***Gli risposero i Giudei: "Noi abbiamo una legge e secondo questa legge deve morire, perché si è fatto Figlio di Dio".*** **[Giovanni 19,7]**

Figlio di Dio è stato il titolo di tutti i re egiziani da tempo immemorabile.

b. Paolo ha detto, in [1Tessalonicesi 2,14-15], ***i Giudei, che hanno persino messo a morte il Signore Gesù.***

c. ***"Venuto il mattino, tutti i sommi sacerdoti e gli anziani del popolo tennero consiglio contro Gesù, per farlo morire"*** **[Matteo 27,1]**

d. ***"Pilato riuniti i sommi sacerdoti, le autorità e il popolo, disse: "Mi avete portato quest'uomo come sobillatore del popolo; ecco, l'ho esaminato davanti a voi, ma non ho trovato in lui nessuna colpa di quelle di cui lo accusate; e neanche Erode, infatti ce l'ha rimandato. Ecco, egli non ha fatto nulla*** *che meriti la morte. Perciò dopo averlo severamente castigato, lo rilascerò"* [Luca 23,13-16]

e. *"E detto questo (Pilato) uscì di nuovo verso i Giudei e disse loro: "Io non trovo in lui nessuna colpa".* [Giovanni 18,38]

f. *"Pilato intanto uscì di nuovo e disse loro: "Ecco, io ve lo conduco fuori perché sappiate che non trovo in lui nessuna colpa".* [Giovanni 19,4]

3. Chi lo ha ucciso?

Il Nuovo Testamento identifica gli assassini nei Giudei, per esempio in [1 Tessalonicesi 2,14-15]

...i Giudei, i quali hanno perfino messo a morte il Signore Gesù e i profeti, e hanno perseguitato anche noi; essi non piacciono a Dio e sono nemici di tutti gli uomini...

Il Talmud <u>identifica chiaramente l'assassino di Gesù in Pinhas, il sacerdote israelitico che visse nel XIV secolo p.e.v. e fu un compagno di Mosè.</u> I rabbini accettarono che i sacerdoti israelitici fossero responsabili della condanna di Gesù come punizione per aver condotto Israele fuori dalla retta via.

...essi impiccarono Gesù (Nazareno)... perché ha praticato la magia e ingannato e portato Israele fuori strada [b. Sanh., 43a]

Il Talmud è piuttosto specifico: *"Pinhas... lo ha ucciso [Gesù]"* [b. Sanh., 106b]. Pinhas (Fineas, per usare il nome indicato nell'Antico Testamento) era il sacerdote, figlio di Eleàzaro, nipote di Aronne, che nel Libro dei Numeri viene identificato come contemporaneo di Mosè.

Fineas considerò blasfemi gli insegnamenti religiosi di Gesù. Alla vigilia della Pasqua, Pinhas/Fineas uccise Gesù nel Tabernacolo ai piedi del Monte Sinai.

PARTE II : L'ESSENZA EGIZIANA DEI CRISTIANI

CAPITOLO 6 : LE RADICI EGIZIE DEL CRISTIANESIMO

6.1 LE RADICI EGIZIE DEL CRISTIANESIMO

Ciò che oggi si definisce religione cristiana esisteva già nell'Antico Egitto molto tempo prima dell'adozione del Nuovo Testamento.

Scrisse l'egittologo britannico E.A. Wallis Budge nel suo libro *Egyptian Religion: Egyptian Ideas of Future Life* (1975):

> ***...gli Egizi possedevano, circa seimila anni fa, una religione e un concetto di moralità che, se spogliate di tutte le aggiunte fallaci, non erano seconde a nessuno di quelle sviluppatesi nelle più grandi nazioni del mondo. [pag. xii]***

Molto tempo fa, gli antichi Egizi credevano nella venuta di un messia, in una Madonna col bambino, in una nascita verginale e nell'incarnazione dello spirito in un corpo. I testi dell'Antico Egitto rivelano prove inconfutabili che **l'intera essenza della dottrina cristiana è semplicemente un egizianismo rinnovato e incompleto**. La chiesa paleocristiana accettò queste antiche verità come principi stessi del cristianesimo, ma negò le loro origini. Molti scrittori coraggiosi notarono che era stata plagiata la religione egiziana. Scrisse l'egittologo britannico E.A. Wallis Budge nel suo libro *The Gods of the Egyptians* (1969):

> ***"La nuova religione (cristianesimo) lì predicata da San Marco***

Le somiglianze rilevate da Budge, e da tutti coloro che hanno confrontato l'allegoria egizia di Osiride/Iside/Horus con la storia del Vangelo, sono impressionanti. I due racconti sono praticamente identici, includendo per esempio elementi quali l'Immacolata Concezione, la nascita divina, le lotte contro il nemico nel deserto e la risurrezione dei morti alla vita eterna. La differenza principale tra le "due versioni" risiede nel fatto che il racconto evangelico è considerato storico, mentre il ciclo di Osiride/Iside/Horus è un'allegoria. Il messaggio spirituale di Osiride/Iside/Horus e la rivelazione cristiana sono esattamente lo stesso.

Nel suo libro *Ancient Egypt* (1970), Gerald Massey, dopo aver studiato le similitudini tra l'allegoria di Osiride/Iside/Horus [come vedremo nel prossimo capitolo] e gli episodi del Vangelo, concluse che la rivelazione cristiana aveva una fonte egiziana. Egli credeva che i primi cristiani, nella loro "ignoranza" (sue testuali parole), presero l'insegnamento spirituale egiziano e lo trasformarono in un evento storico e spirituale. Gerald Massey segnalò quasi duecento esempi di immediata corrispondenza tra il materiale allegorico egiziano e i presunti scritti storici relativi a Gesù.

Il cristianesimo iniziò come un culto con origini e motivazioni quasi totalmente egiziane nel I secolo, e già dal IV aveva completamente voltato le spalle alle sue vere radici. La Chiesa del III e IV secolo inizialmente cercò di ridicolizzare le insinuazioni di plagio. Quando non vi riuscì, virò sull'approccio bizzarro secondo cui era stato il diavolo a infilare queste somiglianze nelle religioni egiziane, secoli prima, per ingannare i potenziali convertiti. Quando nemmeno questo funzionò, la Chiesa divenne estremamente violenta, causando omicidi, distruzioni e terrore di massa.

6.2 ALLEGORIA E STORIA IMMAGINARIA

La cosmologia egizia si fonda su principi scientifici e filosofici coerenti. La conoscenza cosmologica dell'Antico Egitto veniva descritta sotto forma di racconto, un mezzo particolarmente efficace per esprimere concetti fisici e metafisici. Le allegorie ben costruite sono l'unico modo per spiegare le più profonde verità su Dio, la creazione, la vita, l'anima, il nostro posto nell'universo, la nostra lotta per evolverci a livelli superiori di intuizione e comprensione.

Ogni bravo scrittore o docente sa che, per spiegare il comportamento delle cose, i racconti sono migliori delle descrizioni, perché la mente trattiene meglio le interrelazioni delle parti tra loro e con il tutto.

I saggi egiziani trasformarono nomi e aggettivi fattuali comuni (indicatori di qualità) in nomi propri, ma concettuali. Questi furono anche personificati per poterli intrecciare all'interno di narrazioni coerenti e significative. Gli scrittori erano persone particolarmente qualificate perché *la penna è più potente della spada*".

Le allegorie sono metodi usati volutamente per trasmettere delle conoscenze. Esse drammatizzano leggi cosmiche, principi, processi, relazioni e funzioni, e li esprimono in un modo semplice da capire. Una volta svelati i loro significati intrinseci, diventano meraviglie di completezza e sintesi allo stesso tempo scientifica e filosofica. Più vengono studiate, più si arricchiscono. La "dimensione interna" degli insegnamenti incorporati in ogni storia può rivelare diversi livelli di conoscenza, a seconda del livello di sviluppo dell'ascoltatore. I "segreti" vengono rivelati al progredire della propria evoluzione. Più saliamo e più capiamo. È tutto qui.

Gli egiziani (antichi e Baladi attuali) non consideravano le loro allegorie come fatti storici. Credevano NELLE allegorie nel senso che credevano nelle verità contenute nelle storie.

Gli antichi Egizi avevano numerose allegorie che furono adottate dalla Bibbia come fatti storici, come per esempio l'autobiografia di Sinuhe, riadattata nella Bibbia in Davide e Golia, e l'allegoria di Osiride/Iside/Horus [si veda il capitolo successivo]. Le storie bibliche hanno completamente mutilato le allegorie dell'Antico Egitto.

La religione cristiana ha rimosso e perduto il loro significato profondo nel momento in cui ha erroneamente interpretato il linguaggio allegorico degli antichi Egizi come storia presunta, invece di considerarlo un'allegoria spirituale. Il risultato è stata una patetica e cieca fede in una sorta di supernaturalismo emotivo e superstizioso, che di fatto ha cancellato il vero potere della storia/allegoria di trasformare la vita delle persone.

CAPITOLO 7 : LE SACRE FAMIGLIE DELL'ANTICO EGITTO E CRISTIANE

Iside   Osiride

L'allegoria egizia di Iside e Osiride spiega praticamente tutti gli aspetti della vita. Questa storia d'amore risuona di tradimento e lealtà, morte e rinascita, oblio e rimembranza, di malvagità e rettitudine, dovere e compassione, manifestazione delle forze della natura, spirito di sorellanza, di fratellanza e di maternità/paternità/filiazione, di misteri del corpo, dell'anima e dello spirito.

Quella che segue è una versione ridotta dell'allegoria egizia di Iside e Osiride, che evidenzia l'origine egiziana del cristianesimo. Il racconto è ricavato da templi, tombe e papiri dell'Antico Egitto, datati più di 3000 anni prima dell'avvento del cristianesimo, e recita così:

Il dio autogenerato Atum generò i due gemelli Shu e Tefnut

che, a loro volta, diedero alla luce Nut (il cielo/lo spirito) e Geb (la terra/la materia).

L'unione di Nut (spirito) e Geb (materia) generò quattro figli: Osiride, Iside, Seth, e Nefti.

Come il Gesù biblico, Osiride simboleggia il divino in forma mortale, che comprende spirito (**Nut**) e corpo (**Geb**).

Secondo le tradizioni dell'Antico Egitto, Osiride venne sulla terra a beneficio dell'umanità con il titolo di *Rivelatore del Bene e della Verità*. Similmente anche il Gesù della Bibbia.

Secondo l'allegoria egiziana, Osiride sposò Iside, e Seth sposò Nefti. Osiride divenne il sovrano della terra (l'Egitto) dopo il matrimonio con Iside.

Osiride portò alle genti la civiltà e la spiritualità, consentendo loro di prosperare. Diede loro una serie di leggi per regolamentarne la condotta, risolse equamente le dispute, e le istruì nella scienza dello sviluppo spirituale.

Dopo aver civilizzato l'Egitto, viaggiò in tutto il mondo per diffondere le stesse idee. Ovunque andava, Osiride portava pace e cultura.

Ci sono forti somiglianze tra i due evangelisti (Osiride e Gesù). Il figlio divino discende dal cielo. Dio scese sulla terra per guidare il mondo. Entrambi avevano viaggiato per diffondere il verbo.

Osiride indusse la gente ad accettare i suoi insegnamenti, non con la forza delle armi, ma tramite lezioni convincenti, inni spirituali e musiche. Diodoro Siculo, nel *Libro I* [18, 4], scrisse:

Osiride, amando ridere, e dilettandosi di musica e di ballo.

Il Gesù della Bibbia fu altrettanto persuasivo e veniva

celebrato come *Signore del Ballo* in un cantico di Natale risalente al Medioevo.

Quando Osiride tornò dalla sua missione, venne accolto con una festa reale. Fu ingannato da Seth, il maligno, e dai suoi complici, che lo fecero distendere in una bara improvvisata. Il malefico gruppo rapidamente la chiuse, la sigillò e la gettò nel Nilo. Seth divenne il nuovo faraone, mentre la bara contenente il corpo senza vita di Osiride fluiva nel Mar Mediterraneo.

Sia Gesù che Osiride furono traditi dagli ospiti a cena (Gesù da parte di Giuda, Osiride da parte di Seth) proprio al loro banchetto. La presunta età di Gesù era di 23 anni, quella di Osiride di 28 anni: entrambi erano giovani.

Dopo aver ricevuto la notizia della sorte di Osiride e della sua scomparsa, Iside ne fu addolorata e giurò di non fermarsi fino a quando non avesse trovato il *Rivelatore della Verità* – Osiride.

Iside cercò ovunque, avvicinando tutti quelli che incontrava, compresi i bambini, perché si diceva che i bambini avessero/ abbiano il potere della divinazione.

Nel Nuovo Testamento, Gesù riconosce i bambini dotati di poteri divinatori.

La narrazione dice che un giorno, durante la sua ricerca, Iside chiese rifugio nella casa di una povera donna.

Questo punto denota la caratteristica fondamentale degli insegnamenti egiziani, che invitano a non considerarsi superiori agli altri, ma a collocarsi tra i più poveri, modesti e umili dell'umanità. Questo vale per tutti, inclusa Iside, la regina.

Architettando umili radici per Gesù e la sua famiglia, la

cristianità non afferrò il punto che deve essere il potente a imparare l'umiltà.

L'umiltà è simboleggiata dall'azione del Cristo Re di montare su un asino – il quale rappresenta l'ego e il falso orgoglio. Questo è un vero e proprio simbolismo dell'Antico Egitto.

Si racconta che la bara di Osiride venne trasportata dalle onde fino al litorale di una terra straniera. Un albero nacque e le crebbe intorno, inglobando nel suo tronco il corpo di Osiride. L'albero diventò grande, bello e profumato. [Si veda la descrizione di un tempio dell'Antico Egitto qui sotto.] La notizia del magnifico albero giunse al re di questa terra straniera, il quale ordinò di tagliarlo e di consegnargliene il tronco. Egli lo utilizzò come colonna della sua casa senza sapere il grande segreto che custodiva.

Questo è un riferimento all'Albero della vita, e a tutte le sue implicazioni. È anche un riferimento allo zed (o djed), il pilastro di Osiride.

Nel cristianesimo è diventato l'albero di Natale.

Iside ebbe in sogno la rivelazione che il corpo di Osiride si trovava in questa terra straniera. Quindi partì immediatamente per raggiungerla. Quando arrivò si vestì come un normale cittadino, fece amicizia con le ancelle della regina, e riuscì a ottenere un lavoro a palazzo come balia del principino.

Iside, la regina d'Egitto, applicava gli insegnamenti egiziani che sottolineavano la pratica dell'umiltà servendo gli altri senza eccezioni – per raggiungere l'unione con il suo amore – il Divino.

In seguito, Iside confessò alla regina la sua identità e lo scopo della sua missione. Chiese quindi al re che le venisse consegnata la colonna. Il re soddisfò la sua richiesta, ed ella tagliò il tronco in profondità e tirò fuori la cassa.

Iside ritornò in Egitto con la cassa contenente il corpo senza vita di Osiride e lo nascose nelle paludi del delta del Nilo. Usò i suoi poteri magici [secondo i *Testi delle piramidi* numero 632, 1636, e gli affreschi ad Abido e File] per trasformarsi in colomba. Attingendo all'essenza di Osiride, concepì un figlio, Horus. In altre parole, Iside venne fecondata dallo Spirito Santo di Osiride. [Si veda la seguente raffigurazione del tempio dell'Antico Egitto.]

Questo gesto simboleggia la reincarnazione e la rinascita spirituale – la chiave per capire la fede degli Egizi nella vita dopo la morte.

Raffigurazione del tempio dell'Antico Egitto
che rappresenta Iside a sinistra, mentre la
sua essenza magica incarnata nella colomba
volante assume l'essenza di Osiride per
esserne fecondata. Sulla destra, una netert
(dea) dalla testa a forma di rana, Heket,
simboleggia il potere della fertilità, e
rappresenta il concepimento e la
procreazione.

Il concepimento di Horus da parte di Iside senza l'ausilio di un uomo vivente è la più antica versione documentata di una Immacolata Concezione. Il *concepimento soprannaturale* e la *nascita virginale* di Horus si sono fatti strada entro il cristianesimo.

Il ruolo di Iside nel modello storico egiziano e la storia della Vergine Maria sono sorprendentemente simili, perché entrambe furono in grado di concepire senza inseminazione da parte del maschio, e in tal senso Iside era venerata come la *Vergine Madre.*

– Maggiori informazioni sul concetto dell'Antico Egitto di sacro (virginale) concepimento/nascita si trovano nelle pagine precedenti.

– Maggiori informazioni sulla nozione di verginità nella cultura dell'Antico Egitto si trovano nelle pagine precedenti.

Quando Seth apprese del bimbo, Horus, decise di andare a ucciderlo. Avendo saputo dell'arrivo di Seth, **<u>Iside fu avvisata di portarlo in un luogo appartato nelle paludi del delta del Nilo</u>** [come da seguente raffigurazione di un tempio dell'Antico Egitto].

Questa è l'origine della storia secondo cui Erode, dopo aver saputo della nascita di Gesù, decise di uccidere tutti i neonati maschi. Nel Nuovo Testamento l'angelo del Signore dice a Giuseppe: "Alzati, prendi con te il bambino e sua madre e fuggi in Egitto".

Come Iside, anche la Vergine Maria è celebrata come "Regina delle Paludi".

Nell'Antico Egitto, il 25 dicembre si teneva una festa per celebrare la nascita di Horus, e questa assomiglia alla festa cristiana del Natale. La celebrazione si chiamava *Il giorno del bambino nella sua culla,* e si teneva nella corte e nella cappella del tempio di Dendera.

Il racconto prosegue in una notte di luna piena (mentre Iside dava alla luce Horus di nascosto), quando il malvagio Seth e i suoi complici trovarono la cassa con il corpo senza vita di Osiride, e lo smembrarono in quattordici pezzi (il numero quattordici simboleggia i giorni necessari affinché la luna diventi piena). Osiride rappresenta il principio lunare nell'universo, ed è noto come Osiride la *Luna*.

Quando Iside venne a sapere che Seth e i suoi complici avevano fatto a pezzi Osiride, e li avevano sparsi per tutto il Paese, il suo compito divenne cercarli qua e là per rimetterli insieme.

1. La parole latina *religio* significa *unire o legare insieme*, ed è
    la radice della parola "religione".
2. **Rimembrando e riunificando la storia di Iside e Osiride,
    teniamo viva una leggenda che esprime, nelle parole di
    Joseph Campbell, *"l'immanenza della divinità nelle forme
    fenomeniche dell'universo."***

Non appena Horus divenne adulto, sfidò Seth per il diritto al
trono in quello che fu definito il Grande Scontro/Lotta nel
Deserto.

Iside, con l'aiuto di altri, riunì tutte le parti… tranne il pene (indi-
cante la riproduzione fisica), che era stato inghiottito da un pesce
del Nilo. Allora ricompose il corpo smembrato di Osiride e, sempre con l'aiuto di altri, lo avvolse in bende di lino e procedette
all'imbalsamazione.

Thot, Iside e Horus celebrarono sulla mummia il *Rituale dell'apertura della bocca*, e Osiride fu riportato in vita come giudice e re dei
morti (il passato), mentre Horus prese il suo posto come re dei
vivi (il presente). Seth rimase il *Signore del deserto*.

**Questo rappresenta il ciclo perpetuo del potere spirituale
sulla terra: *il re è morto (Osiride), lunga vita al re (Horus).***

Come Pastore perfetto, Osiride è solitamente raffigurato da un
corpo mummificato con la barba, mentre tiene un bastone da
pastore (essendo egli il pastore dell'umanità) e il correggiato (che
simboleggia la capacità di separare il grano dalla pula).

Il motivo pastorale si incontra nel Salmo 23: *"il tuo bastone e
il tuo vincastro mi danno sicurezza".*

Il racconto della Resurrezione di Gesù ricorda in vari modi
quello di Osiride. Si dice che, come Osiride, egli sia resuscitato dai morti. Gli antichi Egizi, così come i primi cristiani,
credevano che (Ebrei 4:14) *"l'uomo non può essere salvato"* da

un Onnipotente lontano, ma solo da chi ha condiviso l'esperienza umana della sofferenza e della morte.

– Sia Osiride che Gesù soffrirono e morirono.

– Sia Osiride che Gesù resuscitarono poco dopo la loro morte. Riprendendo una forma terrena, essi dimostrarono fattivamente la condotta appropriata e le sue gratificazioni nell'aldilà, quindi ritornarono in Paradiso, avendo "salvato il mondo".

– Entrambi diventarono i salvatori a cui si volgevano uomini e donne per assicurarsi l'immortalità.

Le opere medievali sulla Passione, relative alla morte e alla resurrezione di Gesù, sono molto simili alla morte e alla resurrezione del sovrano egizio ovvero Osiride.

Infine, l'episodio biblico della resurrezione dai morti di *El-Azar* o *Lazzaro* ha mantenuto il nome/concetto dell'Antico Egitto di Osiride, il cui nome, nella lingua dell'epoca, era '*Asar*'. Il miracolo descritto nel Vangelo di Giovanni non è mai stato un evento storico, quanto un simbolo, ricorrente, profondamente archetipico e ampiamente utilizzato, del potere di Dio di resuscitare i morti.

CAPITOLO 8 : LA VIA DI HORUS/CRISTO

8.1 TALE PADRE, TALE FIGLIO

Negli insegnamenti biblici, a volte Cristo viene definito "Figlio di Dio", altre volte semplicemente Dio. Nel Vangelo di Giovanni, Cristo dice: *"Io e il Padre siamo una cosa sola".*

La storia delle lotte politiche e dottrinali all'interno della Chiesa, durante e dopo il IV secolo, è stata in gran parte scritta in termini di controversie sulla natura di Dio e di Cristo, e del loro rapporto. Tutte le teorie "apparentemente" conflittuali su queste nature si possono spiegare nel contesto dell'Antico Egitto con la relazione tra Osiride, il Padre, e il suo Divino Figlio, ovvero Horus.

Il rapporto intercambiabile tra il Padre e il Figlio è profusamente illustrato in diversi luoghi dell'Egitto [come mostrato di seguito], per cui Horus nasce da Osiride, e il disco solare sorge con il neonato.

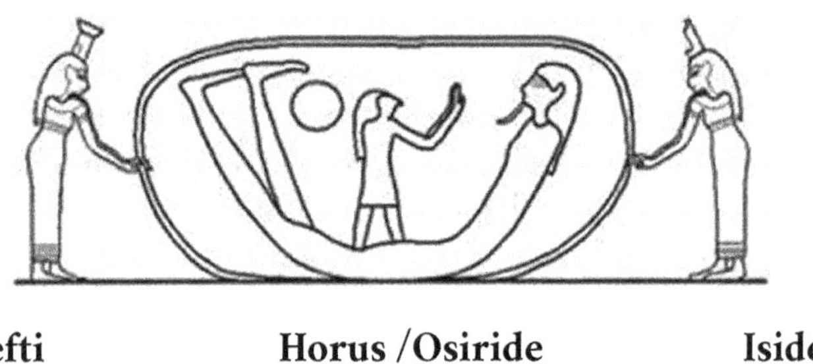

Gli Egizi credevano nella divinità antropomorfa, o nell'ideale di

Horus (Cristo), la cui vita in questo mondo e nell'aldilà era tipica della vita ideale dell'uomo. Le principali personificazioni di questa divinità furono Osiride e suo figlio Horus. Comunque non si parlò mai di fatti storici, bensì allegorici.

Osiride rappresenta l'uomo mortale che porta con sé la capacità e il potere della salvezza spirituale. La speranza di ogni egiziano era/è la resurrezione in un corpo trasformato e l'immortalità, che si poteva realizzare solo attraverso la morte e la resurrezione di Osiride all'interno di ogni persona.

Osiride simboleggia il subconscio, la capacità di agire e di fare. Mentre Horus simboleggia la consapevolezza, la volontà, la possibilità di agire e di fare.

8.2 LE POTENZIALITÀ DEL RISVEGLIO

Nella storia del modello egiziano [si veda capitolo precedente], Osiride, in un primo momento, non era effettivamente morto: era in coma, cioè in uno stato di totale inconsapevolezza. Le persone credono di essere sveglie e consapevoli, ma non lo sono. Per indurre la Speranza [Horus], per farla manifestare, le persone devono resuscitare Osiride – cioè farlo uscire dal coma. È così che le nostre anime, i nostri spiriti e l'essenza della vita riescono a passare da questo mondo agli stadi più evoluti della creazione, verso l'unione divina.

L'egittologo britannico Sir E.A. Wallis Budge ha riassunto questo concetto a pagina VII del suo libro, *Osiris and the Egyptian Resurrection, Vol. I*, affermando quanto segue:

> *La figura centrale della religione egizia era Osiride, e i fondamenti principali del suo culto erano la fede nella sua divinità, nella morte, risurrezione, e nel controllo assoluto dei destini dei corpi e delle anime degli uomini. Il punto centrale di ogni religione osiriana fu la speranza nella resurrezione in*

Tutte le persone defunte erano/sono equiparate a Osiride, perché Osiride è un principio cosmico, non un personaggio storico. La religione egiziana era una religione inclusiva, per la quale Osiride vive in ciascuno di noi, cosa che facilitava una reale comprensione di chi siamo e di chi siamo destinati a diventare.

Il principio che fa emergere la vita dalla morte apparente era/è chiamato Osiride, e simboleggia il potere del rinnovamento. Osiride rappresenta il processo, la crescita e i sottostanti aspetti ciclici dell'universo.

Fin dagli inizi della storia dell'Antico Egitto, gli Egizi credevano che Osiride avesse un'origine divina: in parte divina e in parte umana, risorto dai morti senza avere subìto corruzione. Ciò che Osiride aveva fatto per se stesso, poteva farlo anche per l'uomo. Essendo il loro modello, gli antichi Egizi credevano di poter fare quello che Osiride faceva. Avendo vinto la morte, anche i giusti potevano vincerla e ottenere la vita eterna. Si sarebbero risvegliati e avrebbero ottenuto la vita eterna.

Il testo egiziano *Libro delle Caverne* parla della necessità della morte e della disgregazione (carnale e materiale) prima della nascita spirituale.

Questo concetto si ritrova nel Gesù della Bibbia, quando egli dice

> *Se il chicco di grano caduto in terra non muore, rimane solo, se invece muore, produce molto frutto* [Giovanni 12:24]

Anche Paolo si riferisce allo stesso principio nella Prima Lettera ai Corinzi 15:36,

> *...ciò che tu semini non prende vita, se prima non muore.*

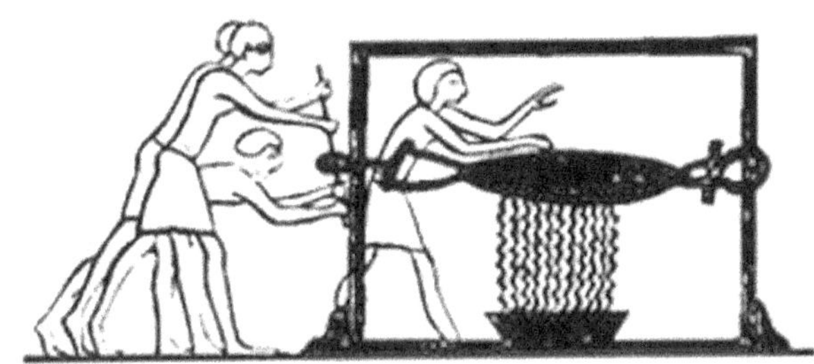

Un altro esempio è il simbolo biblico del vino, riconducibile all'Antico Egitto. Infatti le pareti delle tombe mostrano viticoltori che spremono le vinacce [come si vede nella scena qui sopra, ritrovata in una tomba dell'Antico Egitto] e la vinificazione è una metafora costante dei processi spirituali e dei temi della trasformazione e della forza interiore.

In alcuni passaggi degli scritti egiziani, Osiride stesso era concretizzato con la vite.

L'anima, o la parte di *Dio* dentro di noi, genera il fermento divino nel corpo fisico. Si sviluppa là, come nel vitigno, grazie al sole del sé spirituale dell'uomo. La potenza fermentata del vino era, nel suo più profondo livello spirituale, un simbolo della presenza del Dio incarnato nell'individuo spiritualmente consapevole.

8.3 LA VIA DI HORUS/CRISTO

Dichiara Horus nel *Libro del ritorno nel giorno* (erroneamente noto come *Libro dei Morti*) [c. 78], *"Io sono Horus nella gloria"*; *"Io sono il*

<u>*Signore della Luce*</u>"; *"Io sono il vittorioso... Io sono l'erede del tempo infinito"; "Io sono colui che conosce le vie del cielo."*

I sopracitati versi dell'Antico Egitto si ritrovano in seguito nelle parole di Gesù, <u>**"Io sono la luce** del mondo"</u> e ancora: <u>**"Io sono la via, la verità e la vita".**</u>

Horus, nella lingua dell'Antico Egitto, significa *Colui che è al di sopra*. Pertanto, Horus rappresenta il principio divino realizzato. Horus è la personificazione dell'obiettivo di tutti gli insegnamenti intrapresi, e viene sempre raffigurato mentre accompagna l'anima realizzata alla Sorgente.

Nell'allegoria dell'Antico Egitto, Horus riportò in vita Osiride. Nel Giorno del giudizio, Horus mostra la Via per Osiride. Egli agisce come mediatore tra i defunti e Osiride, il Padre. Tutti gli Egizi volevano/vogliono che Horus li riporti (da defunti) in vita.

Similmente, nel cristianesimo la motivazione cristiana era/è basata sulla necessità di un mediatore, un figlio di dio, in qualità di pastore potente e di salvatore unigenito che vive tra gli uomini comuni.

Come modello dell'esistenza terrena, Horus è rappresentato in diverse forme e aspetti, che corrispondono agli stadi del processo di spiritualizzazione.

8.4 SEMINARE E RACCOGLIERE PROGRESSIVAMENTE

Secondo gli insegnamenti degli antichi Egizi, sebbene tutta la creazione abbia un'origine spirituale, l'uomo è nato mortale, ma contiene in sé il seme del divino. Lo scopo della sua vita è quello di nutrire quel seme, e la sua ricompensa, se vi riesce, è la vita eterna, dove si riunirà con la sua origine divina.

La tipica scena della semina e della raccolta che si trova nelle tombe dell'Antico Egitto, è simbolicamente simile alla parabola biblica:

Ciò che l'uomo semina, quello pure raccoglierà.

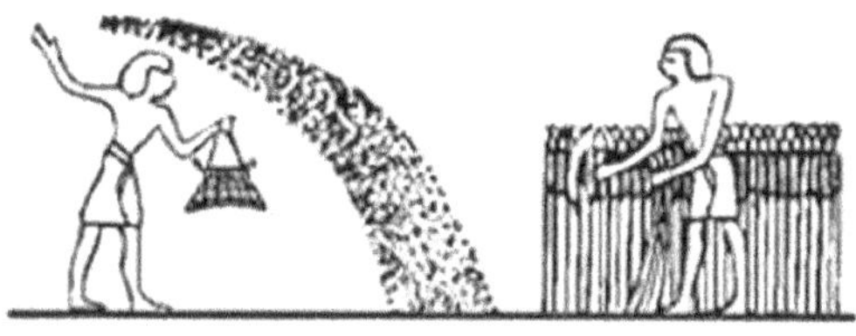

Si trattava di un messaggio spirituale, non di un consiglio agricolo.

L'uomo viene al mondo in un stato assopito dotato delle più elevate facoltà divine, che sono l'essenza della sua salvezza. La via della religione egiziana è, pertanto, un sistema di pratiche finalizzato a risvegliare le facoltà latenti più elevate.

L'enfasi posta dalla religione egiziana sul risveglio delle facoltà interiori non si può mai sottolineare abbastanza. Il comportamento morale, per esempio, non scaturisce dal semplice apprendimento di certi valori, ma si ottiene con la mente e si acquisisce con l'esperienza. La purificazione interiore deve essere completata praticando un buon comportamento sociale nella vita quotidiana. Ogni azione si imprime nel cuore. L'interiorità di una persona è in realtà il riflesso del suo comportamento e delle sue azioni. Pertanto, fare buone azioni determina qualità interiori positive; a loro volta le virtù impresse nel cuore governano le azioni delle membra. Dato che ogni atto, pensiero e opera imprime un'immagine nel cuore, esso diventa un attributo della persona. Questa maturazione dell'anima attraverso gli attributi acquisiti conduce a visioni mistiche progressive fino alla definitiva unificazione con il divino.

La saggezza dell'Antico Egitto ha sempre posto grande enfasi sul comportamento etico e sul servizio sociale.

Nell'Antico Egitto, il concetto di **Maat** ha permeato tutti gli scritti egiziani, dai tempi più antichi e lungo tutto il corso della storia dell'Egitto. **Maat**, la Via, comprende le virtù, gli obiettivi e i doveri che definiscono l'interazione sociale e il comportamento personale accettabili, se non proprio ideali.

Si può trovare una sintesi del concetto egiziano di giustizia in quelle che sono comunemente note come *Confessioni Negative* [se ne parlerà più avanti in questo capitolo]. Una rappresentazione più dettagliata di uomo corretto, della sua auspicabile condotta e delle idee di responsabilità e punizione si può ricavare dalle pareti delle cappelle dei sepolcri e in parecchie composizioni letterarie generalmente definite "Libri Sapienziali" di istruzioni sistematiche, composti di massime e precetti. Tra questi figurano i 30 capitoli de ***L'Insegnamento di Amenemope*** (Amenemope III), che contengono molti testi sapienziali in seguito adottati nel *Libro dei Proverbi* del Vecchio Testamento.

Esistono molti parallelismi tra le parole di questo testo egiziano e la Bibbia, come le righe di apertura del primo capitolo:

> *Porgi il tuo orecchio e ascolta ciò che viene detto, poni il tuo cuore per interpretarle. È bene che tu le ponga nel tuo cuore.*

Lo sviluppo del percorso spirituale si ottiene impegnandosi, ed è una questione di comportamento consapevole e disciplinato. Una consapevolezza nuova o aumentata equivale a un nuovo risveglio. I livelli di consapevolezza sono indicati come *morte-*

rinascita. Questo concetto ha pervaso l'Antico (e l'attuale) Egitto, dove la *nascita* e la *rinascita* sono un tema costante. La parola *morte* è intesa in senso figurato. La questione per cui l'uomo deve *"morire prima di morire"* o che deve *"rinascere"* nella sua vita corrente ha un senso simbolico, o viene celebrata con un rituale. In esso, il candidato deve passare attraverso certe esperienze specifiche (chiamate tecnicamente "morti"). Un valido esempio è il battesimo, che era l'obiettivo principale della Pasqua, dopo il periodo di Quaresima; esso rappresenta infatti la morte del vecchio io con l'immersione nell'acqua, e la nascita del nuovo/rinnovato io attraverso la riemersione.

8.5 IL GIORNO DEL GIUDIZIO

In un libro di istruzioni, un re egizio consigliò a suo figlio, il principe, di raggiungere le migliori qualità perché, alla sua morte, avrebbe visto tutta la sua vita in un solo istante, e il suo comportamento terreno sarebbe stato esaminato e valutato dai giudici. Anche risalendo al lontano periodo della VI dinastia (4.300 anni fa), troviamo il concetto secondo cui <u>il Paradiso era riservato a coloro che nella vita terrena avevano adempiuto ai loro doveri verso gli uomini e verso le forze divine</u>. Nessuna eccezione veniva fatta, per un sovrano o per chiunque altro.

Come affermato in precedenza, gli antichi Egizi descrivevano le loro credenze metafisiche sotto forma di racconto, come drammi sacri o *rappresentazioni mistiche*. Quelle che seguono sono le rappresentazioni simboliche dello svolgimento delle *rappresentazioni mistiche* nel Giorno del Giudizio.

1. L'anima del defunto viene portata nella Sala del Giudizio delle *Due* **Maat**, che sono due perché la bilancia rimane in equilibrio solo quando vi è un'uguaglianza di forze opposte. Il simbolo di **Maat** è la piuma di struzzo, che rappresenta la sentenza o la verità. La sua piuma, di solito, si trova sulla bilancia.

2. Anubi, essendo colui che apre la via, guida il defunto alla bilancia e pesa il cuore.

Il cuore, come metafora della coscienza, viene pesato con la piuma della verità per determinare il destino del defunto.

1. Maat, 2. Anubi, 3. Amam (Ammit), 4. Tehuti (Thot), 5. Il defunto, 6. Horus, 7. Osiride, 8. 42 giudici/valutatori

3. Osiride, seduto, presiede nel Palazzo di Giustizia. La giuria è composta da 42 giudici/valutatori. Ognuno ha una giurisdizione specifica su un tipo di peccato o colpa.

4. Lo spirito del defunto nega di aver commesso ognuno dei peccati/errori dinnanzi al giudice designato, recitando le *42 Confessioni Negative*. Queste Confessioni Negative sono tratte dal *capitolo CXXV* del *Libro del ritorno nel giorno* (comunemente noto come *Il Libro dei Morti*).

Il giurato/giudice incaricato stabilirà se accettare o meno dichiarando il suo **Maa kheru** (Giusto di Voce/Azione).

Ecco una traduzione delle *42 Confessioni Negative*. Alcune possono sembrare ridondanti, ma questo è dovuto all'impossibilità di tradurre fedelmente l'intento e il significato della lingua originale.

1. Non ho compiuto iniquità.
2. Non ho depredato con violenza.
3. Non ho rubato.

4. Non ho ucciso, non ho fatto del male.

5. Non ho agito in modo ingannevole.

6. Non ho diminuito le oblazioni.

7. Non ho trafugato le proprietà dei Neteru.

8. Non ho detto bugie.

9. Non ho pronunciato malvagità.

10. Non ho causato dolore.

11. Non ho commesso fornicazione.

12. Non ho fatto piangere.

13. Non ho ingannato.

14. Non ho compiuto trasgressioni.

15. Non ho agito con colpa.

16. Non ho devastato la terra arata.

17. Non ho origliato.

18. Non ho mosso le labbra (sparlando).

19. Non mi sono adirato, se non per una giusta causa.

20. Non mi sono unito alla donna di un altro uomo.

21. Non mi sono arrabbiato senza valide ragioni.

22. Non mi sono contaminato.

23. Non ho causato terrore.

24. Non ho giudicato con rabbia.

25. Non ho chiuso le mie orecchie alle parole di giustizia e
    verità. (Maat)

26. Non ho causato dolore.

27. Non ho agito con insolenza.

28. Non ho sollevato litigi.

29. Non ho giudicato con rabbia.

30. Non ho approfittato degli altri.

31. Non ho moltiplicato le parole.

32. Non ho fatto male o malattia.

33. Non ho maledetto il re (cioè non ho violato le leggi).

34. Non ho inquinato l'acqua.

35. Non ho parlato con sdegno.

36. Non ho mai maledetto i Neteru.

37. Non ho rubato.

38. Non ho rubato le offerte dei Neteru.

39. Non ho rubato le offerte dei morti.

40. Non ho rubato il cibo del bambino.

41. Non ho peccato contro il Neter della mia città.

42. Non ho macellato con malvagità il gregge del Neter.

5. Thot, scriba dei Neteru (dei, dee), registra il verdetto, mentre Anubi pesa il cuore in contrapposizione alla piuma della verità, posta sull'altro piatto della bilancia. Il risultato è il seguente:

> a. Se la bilancia non rimane in equilibrio, l'anima imperfetta rinascerà nuovamente (reincarnata) in un nuovo veicolo fisico (corpo), in modo da fornire all'anima la possibilità di svilupparsi ulteriormente sulla terra. Questo ciclo di vita/ morte/rinnovamento continua fino al perfezionamento dell'anima, nel rispetto delle *42 Confessioni Negative* nel corso della sua vita terrena.

> b. ISe la bilancia rimane in equilibrio, Osiride dà un giudizio favorevole, e l'anima perfezionata attraversa il processo di trasformazione e di successiva rinascita.

I testi trasformazionali (funerari) dell'Antico Egitto mostrano che l'anima pura risorta, perdonata e rigenerata, raggiungerà un posto nel seguito dei Neteru (dei, dee) – le forze cosmiche – e alla fine parteciperà all'incessante sequenza di attività che permettono all'universo di continuare a esistere. Il ruolo dell'anima perfezionata viene espresso negli scritti dell'Antico Egitto in questo modo:

> *diventerà un astro e raggiungerà Ra, per navigare insieme il cielo sulla sua barca di milioni di anni.*

8.6 LA GLORIA

Nei testi dell'Antico Egitto, l'anima realizzata raggiunge la gloria e si unisce all'origine divina. Allo stesso modo, la Bibbia narra che Gesù raggiunse la gloria solo dopo la sua morte e resurrezione:

> *...Dio, che l'ha risuscitato dai morti e gli ha dato gloria...* [1Pietro 1,21]

La gloria è la bellezza radiante dello splendore e della magnificenza – il cielo o la beatitudine del cielo – che si consegue al massimo livello. Nelle opere d'arte la gloria viene rappresentata come un'aureola o un alone splendente. Nell'Antico Egitto, il neter (dio) Ra rappresenta la Luce e viene rappresentato con un cerchio.

Il rapporto tra i cicli di morte e resurrezione si riflette nella forma che nell'Antico Egitto portava il "nome" di Osiride, ovvero **Ausar**, formato da due sillabe, **Aus-Ra.** La prima sillaba del nome (Aus-Ra) si pronuncia *Aus* oppure *Os*, che significa "forza, potenza, vigore". Il nome del **neter** (dio) indica qualcosa come *la forza di Ra*. Questa espressione descrive la vera essenza del neter (dio) Osiride.

Nel ciclo di **Aus-Ra**, **Ausar** (Osiride) si identifica con la luna, la luce delle aree notturne dei defunti. La Luce di **Ausar** è un riflesso di **Ra** (Re) in una delle sue manifestazioni, nella forma del sole.

Ausar morì (similmente alla scomparsa della luna, verso la fine del mese lunare) e dopo tre giorni risorse. Il terzo giorno rappresenta l'inizio di una nuova luna, cioè un **Osiride** rinnovato. Questo ricorda la celebrazione della Pasqua: come **Osiride**, Gesù morì il venerdì, e il terzo giorno (domenica) risorse a nuova vita.

In geroglifico, **Ausar** (Osiride) si scrive con il glifo del trono e dell'occhio, unendo i concetti di legittimità e divinità.

Ra (Re) è associato al glifo dell'occhio. L'occhio è il simbolo egiziano più caratteristico, con molti ruoli complessi e sottili. L'occhio è la parte del corpo in grado di percepire la luce, ed è quindi simbolo della capacità spirituale.

Ra (Re) è il principio cosmico dell'energia che muove in direzione della morte, e **Ausar** (Osiride) rappresenta il processo di rinascita. Così, i concetti di vita e di morte diventano intercambiabili: vivere significa morire lentamente, morire significa risorgere a nuova vita. Nel momento della morte l'individuo si identifica con **Ausar**, ma tornerà a vivere e si identificherà con **Ra**.

CAPITOLO 9 : LE FESTIVITÀ DELL'ANTICO EGITTO E CRISTIANE

9.1 LA NECESSITÀ DI RINNOVAMENTO/RINASCITA

Il tema principale dei testi dell'Antico Egitto è la natura ciclica dell'universo e la costante necessità di un rinnovo di tali cicli, attraverso delle feste ben organizzate.

Gli Egizi vedevano/vedono queste feste come parte dell'esistenza umana, che costituisce il ritmo della vita della comunità e dell'individuo. Questo ritmo è la conseguenza dell'ordine della vita cosmica.

I riti influenzano il rinvigorimento e il rinnovamento della vita del cosmo, della comunità e dell'individuo. Questi riti avevano/hanno il potere di generare il rinvigorimento e la rinascita della vita divina. Per cui le feste dell'Antico Egitto (e quelle attuali) finirono per avere la funzione di attuare i rinnovi cosmologici (religiosi).

Durante le numerose feste religiose dell'Antico Egitto, i partecipanti contavano sull'archetipica verità della loro consapevolezza cosmica – *Come sopra così sotto, e così sotto come sopra.* Ogni festa sacra rinnova il ciclo sacro archetipico. Questi cicli sacri sono diventati parte del calendario. Più precisamente, il calendario serviva a indicare quando si manifestavano i poteri cosmologici (**Neteru**), e i loro cicli di rinnovamento. Tutti i primi scrittori greci e romani affermarono questa tradizione dell'Antico Egitto, come Plutarco nel V Volume dei suoi *Moralia* (377, 65):

> *...Essi [gli Egiziani] prendon diletto a collegare tali problemi teologici o con i cambiamenti dell'atmosfera ad ogni stagione o con la nascita dei frutti o col tempo del seminare e dell'arare.*

9.2 FISSARE LE DATE (CICLI DI RINNOVAMENTO)

From the records of early historians, such as Plutarch, Herodotus and Diodorus, as well as the hundreds of festival records throughout Ancient Egypt, it is clear that setting the dates of these festivals was synchronized with cosmological rhythms. Setting the dates of both ancient and present-day festivals were/are subject to three cycles, individually or a combination of two or all three. The three cycles are:

Secondo le testimonianze dei primi storici, come Plutarco, Erodoto e Diodoro, ma anche secondo le centinaia di documentazioni di feste dell'Antico Egitto, risulta che la fissazione delle date di queste feste fu sincronizzata con i ritmi del cosmo. La scelta delle date per le feste di un tempo e di oggi era/è soggetta a tre cicli, singolarmente o come combinazione di due o tutti e tre. I tre cicli sono:

1. Il ciclo solare, che domina le stagioni e tutte le loro implicazioni.
2. Il ciclo lunare, che governa la fertilità e altre periodicità biologiche, nonché i vari fenomeni meteorologici.
3. I giorni della settimana, collegati ai sette pianeti e alle sette note musicali.

A seguito dell'utilizzo di una combinazione dei tre cicli, molte date delle feste possono variare ampiamente da un anno all'altro, proprio come la celebrazione della Pasqua, anch'essa determinata da tre elementi egizi: un giorno della settimana che segue la luna piena, che segue l'equinozio di primavera (cioè il ciclo solare).

Ecco alcuni elementi significativi riguardo il calendario ciclico egiziano degli eventi (passati o presenti):

• Ci sono diverse feste correlate che si notano in alcune sequenze cicliche, e come tali sono separate da un determinato periodo. Alcune feste ricorrono secondo specifici cicli, per esempio a 7, 40 o 50 giorni da altre manifestazioni più importanti. Ognuno di questi cicli ha un proprio significato. Un esempio analogo nel calendario ecclesiastico cristiano è la Pasqua, che è legata alla Quaresima, all'Ascensione e alla Pentecoste.

• Il ciclo di 40 giorni indica il periodo della morte e della rinascita. Gli Egiziani ritengono che ci vogliano 40 giorni per morire (prima della morte reale) e 40 giorni (dopo la morte reale) affinché l'anima abbandoni completamente il corpo. Di conseguenza, il periodo di mummificazione (disidratazione del corpo) durava 40 giorni.

• I 50 giorni vengono associati alla rinascita. Ciò veniva illustrato nel modello storico dell'Antico Egitto quando Seth, dopo essersi sbarazzato di Osiride, governava da tiranno per 50 "giorni" prima di venire sostituito da Horus, che rappresentava la resurrezione/rigenerazione di Osiride.

9.3 IL TORO DI SUA MADRE

Fin dai tempi antichi, uno dei più importanti riti delle feste egiziane annuali è il sacrificio del toro, che rappresenta il rinnovamento delle forze cosmiche attraverso la morte e la resurrezione della divinità del toro-neter.

Nell'Antico Egitto, Iside, la Madre-netert (dea), aveva un figlio che, sotto forma di toro, veniva annualmente sacrificato per assicurare il ciclo delle stagioni e la continuità della Natura.

Come da prassi attuali, gli antichi scrittori asserivano che era la

madre a essere scelta per procreare un vitello dotato di partico-
lari qualità: *il toro di sua madre*, per così dire. Così lo descrive Erodoto:

> **Api, detto anche Epafo, è un giovane toro, la cui madre non può
> avere altra prole, e che gli Egizi ritenevano che fosse stato con-
> cepito da un lampo di luce, in modo da creare il dio toro Api.**

Le connotazioni religiose di questo sacrificio sono l'eco di un
sacrificio nel sacramento, che ci ricorda la morte di Cristo per la
salvezza dell'umanità. In sostanza, si tratta di una vera e propria
rappresentazione religiosa in cui, come nella Messa cattolica, un
dio viene adorato e sacrificato.

Diodoro, nel *Libro I* [85, 3-5], spiega i poteri di ringiovanimento
del toro sacrificale:

> **Il culto di questo toro viene riferito alla cagione seguente.
> Dicono che in esso trasmigrò l'anima di Osiride, la quale per-
> petuamente ove questo apparisce di mano in mano trasfondesi.**

Osiride rappresenta il processo, la crescita e i sottostanti aspetti
ciclici dell'universo – il principio che fa emergere la vita dalla
morte apparente

Osiride rappresenta il principio di ringiovanimento/rinnova-
mento nell'universo. Pertanto, nel contesto dell'Antico Egitto, il
toro doveva subire una morte sacrificale per garantire la vita
della comunità. Sacrificare l'animale sacro e mangiarne le carni
portava a uno stato di grazia.

Sacrificare giovani tori in occasione della morte di una persona
continua a essere tuttora una consuetudine comune. La stessa
usanza prosegue nelle migliaia di feste annuali dedicate ai santi
popolari in Egitto.

Le tradizioni di rituali e di sacrifici del toro vennero osservate in

Egitto prima di qualsiasi altro Paese, come testimoniano i classici scrittori greci e romani.

9.4 FESTE DELLA FAMIGLIA DELL'ANTICO EGITTO E CRISTIANE

I seguenti esempi di feste della famiglia dell'Antico e moderno Egitto dimostrano che le celebrazioni annuali cristiane sono state adottate da quelle dell'Antico Egitto.

Le date indicate nelle feste di esempio si basano sul calendario dell'Antico Egitto (ancora in uso con il nome di *calendario copto*), così come la data equivalente nel calendario "romano".

9.5 L'ULTIMA CENA

In precedenza, quando si è parlato dell'allegoria di Iside e Osiride, si è fatto riferimento a Osiride, invitato da Seth a una festa. Qui Seth e i suoi complici lo ingannarono facendolo distendere in una bara improvvisata, che poi chiusero, sigillarono e gettarono nel Nilo. Seth divenne il nuovo faraone, mentre la bara contenente il corpo senza vita di Osiride fluiva nel Mar Mediterraneo. Plutarco diede una data a questo evento (simbolico) nel I Volume dei *Moralia* (356):

> *...allora accordi i congiurati gettaron sopra il coperchio, ed altri inchiodandola...*
> *...Questo fatto lo danno per accaduto il <u>diciassette</u> del mese Athir [27 novembre], <u>nel quale il Sole percorre lo scorpione.</u>*

Gli eventi del 17 **Hatoor**/Athor (27 novembre), come riportato da Plutarco, possiedono tutti gli elementi dell'Ultima cena di Gesù: una cospirazione, la festa, gli amici e il tradimento.

Oggi in Egitto si celebra la *Perdita* di Osiride durante la festa di *Abu Sefein* (riferimento ai due emblemi di Osiride, il pastorale e il correggiato), nella stessa data e con le stesse usanze, cioè una grande festa seguita da un ciclo di 40 giorni di morte figurativa – fatta di digiuno e altri procedimenti disciplinari.

<u>28 giorni dopo l'Ultima Cena, cioè il 25 dicembre, si celebra la nascita/ri-nascita del re rinnovato</u>

<u>40 giorni dopo l'Ultima Cena avviene l'Epifania (6 gennaio).</u>

9.6 L'AVVENTO E IL NATALE

La vita di Osiride, essendo egli simbolo della luna [si veda il capitolo 13], si associa a un ciclo di 28 giorni (4 settimane). In seguito, questo diventò l'Avvento cristiano, che in latino si dice *advenio* e significa *venuta*. L'*Enciclopedia Cattolica* sostiene che: *"L'Avvento è un periodo che comprende 4 domeniche. La prima domenica può iniziare già il 27 novembre, e poi l'Avvento dura 28 giorni"*. Come sopra indicato, il 27 novembre è la data dell'*Ultima Cena*, della *Morte* e della *Perdita di Osiride*.

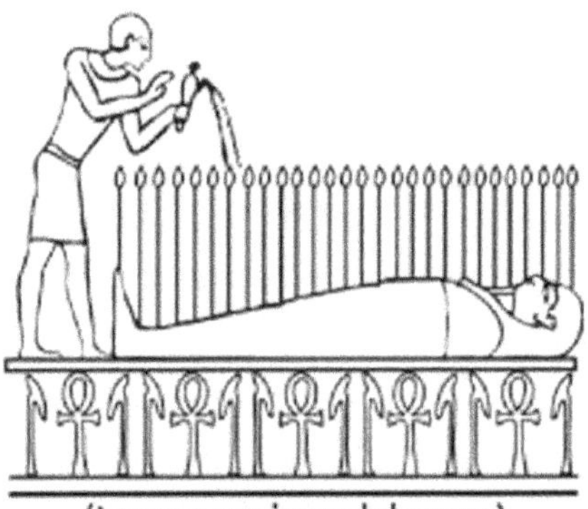

(La resurrezione del grano)

Il ciclo di 28 giorni di Osiris e il suo rapporto con il principio di rigenerazione è ben rappresentato nella nota scena della risurrezione del grano, che raffigura Osiride con 28 steli di grano che crescono sulla sua bara.

L'anno liturgico nelle chiese occidentali inizia con l'Avvento.

Secondo l'*Enciclopedia Cattolica*, "durante questo periodo si invitano i fedeli a:

* Prepararsi dignitosamente a celebrare l'anniversario del Signore che viene al mondo come il Dio dell'amore incarnato,

* in modo che le proprie anime possano ospitare il Redentore che viene in Santa Comunione e attraverso la grazia, e

* in tal modo prepararsi per la sua venuta finale come giudice, alla morte e alla fine del mondo".

Tutti gli elementi di cui sopra hanno origine nell'Antico Egitto. Queste tradizioni si osservavano durante il giubileo annuale (che in realtà ne era la base) del sovrano dell'Antico Egitto, noto come la festa di **Sed** (o **Heb-Sed**), che si teneva ogni anno nel mese di Kee-hek (Khoiakh, cioè dicembre). Questa celebrazione risaliva alla notte dei tempi, e continuò a essere celebrata in tutta la storia dell'Antico Egitto.

Lo scopo di questo evento annuale era di rinnovare/rinvigorire i poteri soprannaturali del sovrano. I rituali di rinnovamento erano mirati a portare nuova forza vitale al re, vale a dire una morte (figurativa) e una rinascita (figurativa) del sovrano regnante. Nelle tradizioni dell'Antico Egitto, questo concetto di potere perpetuo (tra il vecchio e il nuovo) viene eloquentemente evidenziato e illustrato all'inizio di questo libro nella rappresentazione di Horus che nasce da Osiride, dopo la morte di quest'ultimo. Questo accresce il significato della frase: *Il re è morto – Lunga vita al re.*

Nelle tradizioni dell'Antico Egitto, il rinnovamento/compleanno di un nuovo/rinnovato re avviene in modo simbolico 28 giorni dopo il 27 novembre – data della simbolica *Ultima Cena* e della *Morte* di Osiride, ovvero il 25 dicembre. Nello stesso giorno, il calendario cristiano festeggia la nascita (rinascita) del nuovo Re, cioè Gesù, che nella Bibbia viene chiamato Re. Il ciclo di 28 giorni indica l'Avvento (sia nelle tradizioni dell'Antico Egitto che cristiane) del *Re*.

Tutti gli elementi menzionati dall'*Enciclopedia Cattolica* nelle pagine precedenti concordano con la loro origine egizia, secondo cui Osiride si incarna come Horus, e Osiride è il giudice dei morti.

A causa dell'assoluta mancanza di prove storiche e archeologiche a sostegno dei racconti biblici di Gesù, i Padri della Chiesa guardarono all'Egitto per scegliere alcune date, prendendole da un elenco attribuito a Clemente Alessandrino. La lista contiene diverse date, fra cui: 25 Pachon (20 maggio), 24 o 25 Pharmuthi (19 o 20 aprile). Clemente, tuttavia, precisava che l'Epifania, e con essa probabilmente la Natività, veniva celebrata il 15 o l'11 Tybi (10 o 6 gennaio). È dimostrato che il 6 gennaio è la data adottata per il suo "compleanno" in tutte le varie chiese del bacino mediterraneo. Al 25 dicembre si fece riferimento solo in seguito, in base al calendario giuliano, portandosi 13 giorni prima del 6 gennaio. [Si veda la spiegazione della differenza di 13 giorni nell'Appendice E del libro *I mistici egizi – Cercatori della Via* dello stesso autore.]

9.7 IL CAPODANNO DEL RE (1 GENNAIO)

Come affermato in precedenza, le tipiche feste egiziane durano una settimana di 8 giorni. Pertanto, il giorno del rinnovamento del re egiziano del 25 dicembre (secondo il calendario giuliano) ha il suo apice nel suo ottavo (8 giorni dopo), cioè il 1° gennaio – il Capodanno del Re rinnovato. Il 22° giorno di Kee-hek/Khoiakh (1° gennaio), durante le annuali feste giubilari, si teneva una celebrazione speciale, e in questa occasione un'effige di Osiride faceva un viaggio cerimoniale accompagnata da 34 immagini di divinità su 34 piccole imbarcazioni illuminate da 365 candele – le candele rappresentavano il numero di giorni in un anno regolare.

Quando Giulio Cesare visitò l'Egitto nel 48 p.e.v., egli si rivolse all'astronomo Sosigene (di Alessandria) al fine di introdurre un calendario nell'Impero Romano. Questo condusse all'elaborazione del calendario giuliano di 365 giorni all'anno, e di 366 giorni in quello bisestile. Il calendario romano (giuliano) fu confezionato letteralmente su misura per soddisfare un re. Il primo giorno dell'anno era il giorno dell'incoronazione del re egiziano alla fine del giubileo annuale di ringiovanimento – le feste di **Heb-Sed**.

9.8 L'EPIFANIA (6 GENNAIO)

Dopo un ciclo di 40 giorni dall'Ultima Cena egiziana (27 novembre) e dalla morte di Osiride cadeva/cade l'Epifania, il 6 gennaio, adottata successivamente con lo stesso obiettivo nel calendario degli eventi cristiani.

Come nelle tradizioni dell'Antico Egitto, lo scopo originale dell'Epifania nella Chiesa orientale è battezzare qualcuno – il sacramento del Battesimo. Come affermato in precedenza, il battesimo rappresenta la morte e la rinascita in senso figurato. Generalmente, il ciclo di una nuova nascita richiede 40 giorni (dal 27 novembre al 6 gennaio). Alla fine del ciclo, la gente si bagna nel Nilo (battesimo), e viene rotto il digiuno. Ritornano i giorni felici.

Gli egiziani *Baladi* (costretti a farsi musulmani) continuano a celebrare questa occasione perché si tratta di un'antica usanza egiziana, adottata successivamente dai cristiani.

9.9 LA QUARESIMA

La Quaresima indica i 40 giorni di digiuno che precedono la Settimana Santa della Pasqua. Si deve (in modo figurato) morire (in modo figurato) rinascere. La Quaresima rappresenta la morte simbolica (digiuno, autodisciplina ecc.) prima della rinascita.

La Quaresima e la Pasqua precedono il cristianesimo, come spiegato di seguito. In origine, la Quaresima era il momento di preparazione finale per i candidati al rito solenne del battesimo in occasione della veglia pasquale. Il rituale del battesimo veniva eseguito nei laghi sacri degli antichi templi egiziani e nel Nilo stesso.

9.10 LA PASQUA

È ben noto che la Pasqua cristiana non era un evento storico, ma una festa che esisteva prima del cristianesimo. Il dizionario Webster descrive la Pasqua come *"il nome di una festa pagana di primavera quasi coincidente con la data della festa pasquale della chiesa"*. La cosiddetta festa "pagana" è la Pasqua egiziana. Nel calendario egiziano (e, in seguito, quello cristiano), la Pasqua è al centro della parte più importante dell'anno ecclesiastico – dalla Settuagesima all'ultima domenica dopo la Pentecoste, la festa dell'Ascensione, la Pentecoste, il Corpus Domini e tutte le altre feste mobili, in quanto legate al giorno di Pasqua.

La commemorazione della Pasqua è il fondamento della fede cristiana. Eppure i Padri Apostolici non ne fanno menzione, perché si trattava della continuazione di una vacanza già esistente, ovvero la Pasqua ebraica, che a sua volta aveva/ha origine in una festa di primavera degli antichi Egizi.

I documenti dell'Antico Egitto indicano che la festa di primavera egiziana esisteva da oltre 5.000 anni. Lo scopo di tale celebrazione era/è il rinnovamento della natura in primavera, quando la vita torna ancora una volta nel mondo.

Come affermato in precedenza, Osiride rappresenta la natura ciclica dell'universo, il principio che riporta in vita da una morte apparente. È pertanto normale che Osiride fosse identificato con la primavera – del giorno in cui lo si credeva resuscitato dai morti.

Più di 5.000 anni fa, gli antichi Egizi adottarono una festività nazionale, che si teneva alla fine di una celebrazione della durata di 8 giorni. Secondo l'allegoria egiziana, Osiride morì, fu sepolto e poi scomparve il quinto giorno, la vigilia del venerdì. Quel giorno fu chiamato la *Perdita di Osiride*. Osiride resuscitò tre giorni dopo, cioè la domenica, in qualità di giudice (re) dei morti.

Come nel caso dell'Osiride egiziano, la Pasqua cristiana rispecchia la convinzione cristiana che Cristo morì, fu sepolto, e poi il venerdì scomparve; infine risorse il terzo giorno dopo la sua morte, cioè la domenica. Quello è il giorno più gioioso del calendario cristiano.

La celebrazione della Pasqua, come tutte le feste egiziane, dura una settimana di otto giorni (nota nel calendario cristiano come la Settimana Santa, che va dalla Domenica delle Palme alla Domenica di Pasqua). La Settimana Santa degli antichi Egizi è seguita dal Lunedì di Pasqua, noto in Egitto come *Sham en Neseem*. Questa è l'unica festa nazionale ufficiale sopravvissuta ininterrottamente dai tempi dell'Antico Egitto.

9.11 IL GIORNO DELL'ASCENSIONE

Secondo la tradizione dell'Antico Egitto, lo spirito del defunto impiega 40 giorni per lasciare completamente il corpo e salire al cielo. Di conseguenza, la mummificazione (disidratazione del corpo) dura 40 giorni. Allo stesso modo, il calendario cristiano commemora il giorno dell'Ascensione nel 40° giorno dopo la Pasqua, quando si celebra ***la salita del corpo di Gesù al Cielo, 40 giorni dopo la resurrezione***".

9.12 LA PENTECOSTE EGIZIANA

In Egitto, la festa annuale degli *Apostoli* (*Profeti*) si celebra 50 giorni dopo la Pasqua. Allo stesso modo, nel calendario cristiano, i fedeli celebrano la Pentecoste, che si tiene 50 giorni dopo Pasqua. La Pentecoste celebra *"la discesa dello Spirito Santo sugli Apostoli"*.

Questa festa ha origini nell'Antico Egitto. Pentecoste significa periodo del *Khamsin* (che significa *cinquanta*), in cui sono più frequenti le tempeste di sabbia calde e rossastre e i venti che provengono da sud. Questo evento annuale inizia il giorno immediatamente successivo al Venerdì Santo, cioè il Sabato di Pasqua (di Luce) e termina il giorno di Pentecoste (o domenica in bianco) – un intervallo di 50 giorni.

Questo evento di Pentecoste è collegato all'antica allegoria egiziana di Iside e Osiride. Il periodo di 50 giorni rappresenta il governo dispotico di Seth, dopo che Osiride fu detronizzato. Seth rappresenta il colore rosso e il clima opprimente che è secco, caldissimo e arido. In altre parole, Seth rappresenta la nuvola di polvere rossa e calda: il *Khamsin*.

L'allegoria continua raccontando che, non appena Horus divenne adulto, sfidò Seth per il diritto al trono. Dopo diverse lotte, si rivolsero al consiglio dei 12 Neteru (dèi, dee) per decidere chi doveva governare. Il Consiglio stabilì che Osiride/Horus avrebbe riconquistato il trono d'Egitto, mentre Seth avrebbe governato i deserti/le terre desolate. In termini climatici, questa decisione del consiglio poneva fine ai 50 giorni di clima opprimente (il *Khamsin*). Il giorno del giudizio del consiglio dei neteru/apostoli/ profeti fu chiamato domenica in bianco, a significare che erano terminati i 50 giorni rossi, e tutto era pulito.

9.13 LA TRASFIGURAZIONE DI HORUS/CRISTO

Dopo che Osiride salì al cielo, Iside cominciò a piangere. La vigilia dell'undicesimo giorno del mese di Baoo-neh (18 giugno) è chiamata *"Leylet en-Nuktah"* (o la *notte della lacrima*), in quanto commemora la prima lacrima che cade nel Nilo, per iniziare la stagione annuale della sua inondazione.

Cinquanta giorni dopo la prima lacrima di Iside (il 17 giugno), cioè il 6 agosto, gli antichi Egizi celebravano la riapparizione di

Osiride sotto forma di Horus risorto. Plutarco lo confermava nel V Volume dei *Moralia* (372, 52B):

Fifty days after Isis' first teardrop (on 17 June), i.e. on 6 August, the Ancient Egyptians celebrated the reappearance of Osiris in the form of the resurrected Horus . This was confirmed by Plutarch in his *Moralia Vol. V* (372,52B):

> **Nei inni sacri di Osiride viene invocato colui che sta nascosto nelle braccia del Sole; e il <u>trenta del mese di Epifisi</u> [6 agosto] si festeggia la nascita degli <u>Occhi di Horus:</u> in questo giorno, infatti, anche la Luna e il Sole si trovano sulla stessa retta, e per gli egiziani non solo il Sole, ma anche la Luna sono l'occhio e la luce di Horus.**

Il concetto è identico alla successiva affermazione cristiana della trasfigurazione di Gesù, celebrata dalla Chiesa ortodossa il 6 agosto. Questa festa commemora la *"rivelazione della divinità di Gesù a Pietro, Giacomo e Giovanni"*.

Questa tradizione dell'Antico Egitto continua, camuffata nel *Mouled di El-Desouki*, nella città di Disuq, sulla riva orientale del ramo occidentale del Nilo. El-Desouki è amorevolmente nota come *Abu-el-e-nane* (dei due occhi), proprio come *Horus l'anziano dei due occhi*.

Questa festa egiziana annuale è nota per ospitare le migliori pratiche magiche (divinatorie) d'Egitto, e corrisponde alla successiva celebrazione cristiana, il cui tema principale è la "rivelazione della divinità (Gesù)".

9.14 NOSTRA SIGNORA MIRIAM (GIORNO DELL'ASSUNZIONE DI NOSTRA SIGNORA)

In molti Paesi il 15 agosto è festa nazionale perché si commemora l'Assunzione al cielo della Vergine Maria, dopo la sua morte. Nello stesso giorno, fin dai tempi antichi gli Egizi celebrano una festa molto simile che si collega alla morte (simbolica) della Vergine Madre dell'Antico Egitto, chiamata *Sposa del Nilo*.

Nel contesto dell'Antico Egitto, la Sposa del Nilo è Iside, la Vergine Madre, e il fiume Nilo è Osiride, la sua anima gemella. L'antica festa egizia che si tiene il 15 agosto commemora la fine del periodo di 50 giorni di pioggia in Etiopia che causa l'inondazione annuale del Nilo.

Gli Egizi associano l'inizio della stagione delle inondazioni annuali con Iside, che cominciò a piangere dopo che Osiride, la sua anima gemella, ascese al cielo 40 giorni dopo la sua morte. Gli Egizi associavano la prima lacrima di Iside all'inizio dell'innalzamento del Nilo. Iside continuò a piangere nella speranza che Osiride tornasse in vita. La Vedova Piangente diventò per gli Egizi la *Dea del Dolore*.

Una delle parti più interessanti di questo racconto popolare egiziano è come questi due simboli siano correlati alla stagione dell'inondazione in Egitto. Qui la bellezza sta nel fatto che Iside desidera che Osiride (che rappresenta l'acqua) esca dal suo coma, e l'acqua del Nilo aumenti come conseguenza del suo pianto.

Iside, pertanto, ogni anno ricrea/rigenera Osiride dalle sue lacrime. Esse sono di colore rosso sangue, lo stesso delle acque alluvionali, provenienti dalla stagione delle piogge in Etiopia, che erodono il limo degli altopiani locali, trasportandolo poi verso l'Egitto lungo il Nilo Azzurro e gli altri affluenti. Quindi, le lacrime di Iside rappresentano questo colore rossastro delle acque durante la stagione delle piogge. In sostanza, Iside piange, per così dire, un fiume. I fedeli cristiani seguono le stesse tradizioni dell'Antico Egitto rappresentando statue di Maria con lacrime di sangue.

In questa nota allegoria egiziana, Iside smette di piangere per la sua anima gemella Osiride all'incirca a metà agosto, poiché ha pianto tutte le sue lacrime. È a questo punto che gli egiziani (antichi e moderni) festeggiano, per significare la caduta dell'ultima lacrima di Iside, che causa il massimo innalzamento del livello del Nilo. Durante la celebrazione un'effigie di Iside viene gettata nelle acque per simboleggiare l'annegamento nelle sue stesse lacrime, ovvero il fiume Nilo.

Oltre alle celebrazioni governative ufficiali, ogni anno gli Egizi *Baladi* organizzano una festa chiamata *Sitena Meriam* (che significa *Nostra Signora Meriam*). Non si tratta di una festa "cristiana". La festa ha la durata della tipica settimana egiziana di 8 giorni. Comincia il 15 agosto e termina il 16 Mesore (22 agosto).

9.15 IL COMPLEANNO DI ISIDE (MARIA)

Gli antichi Egizi seguivano l'anno sotiaco, un periodo di 365,25636 giorni. Oltre agli aggiustamenti relativi agli 0,00636 giorni annuali [si vedano dettagli nell'Appendice E del libro *I mistici egizi – Cercatori della Via*], gli antichi Egizi dividevano l'anno in 12 mesi uguali, ciascuno di 30 giorni, e ne aggiungevano 5 extra (più uno ogni 4 anni). Attualmente, questi giorni extra iniziano il 6 settembre. Nei tipici racconti egiziani, cinque neteru (dèi) nascevano in ognuno dei cinque giorni: Osiride, Iside, Seth, Horus Behdety (Apollo) e Hathor.

La Natività della Vergine Maria è celebrata nella Chiesa la vigilia dell'8 settembre, che corrisponde al "compleanno" di Iside, la seconda delle 5 divinità nate nei 5 "giorni extra".

> **<u>40 giorni dopo il compleanno di Iside (Maria) si celebra l'annuale festa egiziana del concepimento (semina).</u>**

> **<u>40 giorni dopo aver piantato i semi, gli Egiziani celebravano/celebrano l'evento dell'Ultima Cena e della perdita di Osiride.</u>**

E l'osservazione ordinata dei cicli continua, per mantenere il sincronismo tra il Sotto (sulla terra) e il Sopra (in cielo).

1

BIBLIOGRAFIA SELEZIONATA

Blackman, Aylward M., *Gods, Priests and Men: Studies in the Religion of Pharaonic Egypt,* Londra e New York, 1998

Bleeker, C.J., *Egyptian Festivals: Enactments of Religious Renewal.* Leiden, 1967

Breasted, James Henry, *A History of Egypt*, New York, 1924

- *The Dawn of Conscience*, New York, 1933

- *Ancient Records of Egypt*, vol. 3., Chicago, 1906

Budge, Sir E.A. Wallis, *Egyptian Religion: Egyptian Ideas of Future Life*, Londra, 1975

- *The Gods of the Egyptians (2 vol.)*, New York, 1969

- *Osiris and the Egyptian Resurrection (2 vol.)*, New York, 1973

- *The Egyptian Heaven and Hell (3 vol.)*, London, 1976

Campbell, Joseph, *The Hero with a Thousand Faces*, Londra, 1949

- *The Power of Myth*, North Carolina, USA, 1991

Carter, Howard e A.C. Mace, *The Discovery of the Tomb of Tutankhamen, New York, 1977*

• *The Tomb of Tutankhamen*, Cassell, Londra, 1933

Catholic Encyclopedia, Online Edition, 1999, http://www.newadvent.org/cathen/

Conder, C.R., *The Tell Amarna Tablets*, Londra, 1893

Cott, Jonathan, *Isis and Osiris*, New York, 1994

Diodoro Siculo, *Vol 1*, tr. di C. H. Oldfather, Londra, 1964

Edwards, I.E.S., *Tutankhamun's Jewelry*, Londra, 1979

Erman, Adolf, *Life in Ancient Egypt*, New York, 1971

Freud, Sigmund, *Moses and Monotheism*, Londra, 1951

Gadalla, Moustafa, *Egyptian Cosmology: The Animated Universe, 2a ed.*, Greensboro, NC, USA, 2001

• *Egyptian Divinities: The ALL Who Are THE ONE*, Greensboro, NC, USA, 2001

• *Exiled Egyptians: The Heart of Africa*, Greensboro, NC, USA, 1999

• *Historical Deception, The Untold Story of Ancient Egypt, 2a ed.* Greensboro, NC, USA, 1999

• *Egyptian Mystics: Seekers of the Way*, Greensboro, NC, USA, 2003

• *Egyptian Romany: The Essence of Hispania*, Greensboro, NC, USA, 2004

• *Tut-Ankh-Amen: The Living Image of the Lord*, Erie, PA, USA, 1997

Greek Orthodox Archdiocese of America website, www.goarch.org, 2002

Harpur, Tom, *The Pagan Christ: Recovering the Lost Light*, Toronto, Canada, 2004

Erodoto, *The Histories*, tr. di Aubrey DeSelincourt, Londra, 1996

Josephus, Flavius, *Against Apion*, tr. di H. St J. Thackeray, Londra, 1926

- *The Antiquities of the Jews, 9 vol.*, Cambridge, MA, USA, 1965
- *The Jewish War*, New York, 1959

Kennedy, H.A.A., *St. Paul and the Mystery Religions*, Londra, 1969

Kenyon, Kathleen M., *The Bible and Recent Archaeology*, ed. rivista da P.R.S. Moorey, Londra, 1987

Kuhn, Alvin Boyd, *A Rebirth for Christianity*, Theosophical Publishing House, 1970

- *The Root of All Religion*, Kila, MT, 1993

Massey, Gerald, *Ancient Egypt*, New York, 1970

- *Ancient Egypt, The Light of the World: A Work of Reclamation and Restitution in Twelve Volumes, vols. 1, 2*, Kila, MT, 2001
- *The Historical Jesus and the Mythical Christ*, Kila, MT, 2002
- *The Natural Genesis*, Kila, MT, 1999

Mowry, Lucetta, *The Dead Sea Scrolls and the Early Church*, Chicago, 1962

Osman, Ahmed, *The House of the Messiah*, Londra, 1994

- *Moses, Pharaoh of Egypt*, Londra, 1991

- *Out of Egypt: The Roots of Christianity Revealed*, Londra, 1998
- *Stranger in the Valley of the Kings*, Londra, 1989

Pagels, Elaine, *The Gnostic Gospels*, New York, 1979

- *The Gnostic Paul*, Philadelphia, PA, USA, 1992
- *Adam, Eve and the Serpent*, New York, 1988
- *The Origin of Satan*, New York, 1996

Plutarco, *Plutarch's Moralia, Volume V.*, tr. di Frank Cole Babbitt, Londra, 1927

Polano, H., *Selections from the Talmud*, Londra, 1894

Robinson, James M., ed. *The Nag Hammadi Library*, New York, 1978

Vermes, Geza, *The Dead Sea Scrolls in English*, Londra, 1987

Yadin, Yigael, *Hazor*, Londra, 1975

Yahuda, A.S., *The Language of the Pentateuch in its Relation to Egyptian*, Oxford, 1933

—————. *The Egyptian Book of the Dead*, New York, 1967

—————. *Jewish Encyclopedia*, direttore editoriale Isidore Singer, New York e Londra, 1904

2

FONTI E NOTE

I riferimenti alle fonti bibliografiche contenuti nell'apposita sezione sono riportati solo per citare fatti, eventi e date, non per le interpretazioni che ne vengono date.

Quando si trova un riferimento a un libro di Moustafa Gadalla, si tenga presente che ogni testo dell'autore contiene una propria estesa bibliografia in appendice, corredata di note e fonti dettagliate.

Parte I—Il Cristo Re nella storia

Capitolo 1: Gesù e la storia

Il Gesù della storia – Osman (*La Casa del Messia*), Bibbia, Gadalla (*Historical Deception, Tut-AnkhAmen*), Baigent

La lacuna storica e l'importanza dei Vangeli – Osman (*La Casa del Messia, Out of Egypt*), Bibbia, Gadalla (*Historical Deception, Tut-AnkhAmen*), Polano, Josephus

Mosè e Gesù della stessa epoca – Osman (*La Casa del Messia*), Gadalla (*Historical Deception, Tut-AnkhAmen*), Polano, Josephus

Gesù: il Nazareno gnostico – Osman (*La Casa del Messia*),

Gadalla (*Historical Deception, Tut-AnkhAmen*), Bibbia, Polano, Baigent

Capitolo 2: I suoi epiteti

L'immagine vivente del Signore – Osman (*La Casa del Messia*), Gadalla (*Historical Deception, Tut-AnkhAmen*), Bibbia

Cristo – Osman (*La Casa del Messia*), Gadalla (*Historical Deception, Tut-AnkhAmen*), Bibbia

Messia – Osman (*La Casa del Messia*), Gadalla (*Historical Deception, Tut-AnkhAmen*), Bibbia

Gesù/Giousè – Osman (*La Casa del Messia*), Gadalla (*Historical Deception, Tut-AnkhAmen*), Bibbia

Emmanuele – Osman (*La Casa del Messia*), Gadalla (*Historical Deception, Tut-AnkhAmen*), Bibbia

Ben Pandira (Figlio di Dio) – Osman (*La Casa del Messia*), Gadalla (*Historical Deception, Tut-AnkhAmen*), Bibbia, Polano

Capitolo 3: L'uomo divino

Il Gesù biblico – il figlio divino – Osman (*La Casa del Messia*), Gadalla (*Historical Deception, Tut-AnkhAmen*), Bibbia

Twt-Ankh-Amen – Il figlio divino – Osman (*La Casa del Messia*), Gadalla (*Historical Deception, Tut-AnkhAmen*), Edwards, Neubert

Il padre di Twt-Ankh-Amen – Osman (*La Casa del Messia*), Gadalla (*Historical Deception, Tut-AnkhAmen*), Edwards, Neubert

Il padre del Gesù biblico – Osman (*La Casa del Messia*), Gadalla (*Historical Deception, Tut-AnkhAmen*), Bibbia

La madre di Twt-Ankh-Amen – Osman (*La Casa del Messia*), Gadalla (*Historical Deception, Tut-AnkhAmen*)

La Madre del Gesù biblico – Osman (*La Casa del Messia*), Gadalla (*Historical Deception, Tut-AnkhAmen*), Bibbia

La consorte di Twt-Ankh-Amen – Osman (*La Casa del Messia*), Gadalla (*Historical Deception, Tut-AnkhAmen*)

La consorte del Gesù biblico – Osman (*La Casa del Messia*), Gadalla (*Historical Deception, Tut-AnkhAmen*), Bibbia

Capitolo 4: Il regno diviso

Il Gesù biblico – Il re – Osman (*La Casa del Messia*), Gadalla (*Historical Deception, Tut-AnkhAmen*), Bibbia, Polano

Twt-Ankh-Amen – Il re – Osman (*La Casa del Messia*), Gadalla (*Historical Deception, Tut-AnkhAmen*), Edwards

Capitolo 5: La morte nel deserto

Twt-Ankh-Amen – Osman (*La Casa del Messia, Fuori dall'Egitto*), Gadalla (*Historical Deception, Tut-AnkhAmen*), Carter, Edwards

Il Gesù della Bibbia – Bibbia, Gadalla (*Historical Deception, Tut-AnkhAmen*)

Com'è morto? – Osman (*La Casa del Messia*), Bibbia, Polano, Gadalla (*Historical Deception, Tut-AnkhAmen*)

Chi lo condannò? E perché? – Osman (*La Casa del Messia*), Gadalla (*Historical Deception, Tut-AnkhAmen*), Bibbia

Chi lo ha ucciso? – Osman (*La Casa del Messia*), Bibbia, Gadalla (*Historical Deception, Tut-AnkhAmen*), Polano

Parte II—L'essenza egiziana dei cristiani

Capitolo 6: Le radici egizie del cristianesimo

Le radici egizie del cristianesimo – Bibbia, Budge (*Gods of the Egyptians, Egyptian Ideas of Future Life*), Harpur, Massey (*Ancient Egypt*), Mowry

Allegoria e storia immaginaria – Gadalla (*I mistici egizi*), Harpur

Capitolo 7: Le sacre famiglie dell'Antico Egitto e cristiane

Bibbia, Budge (*Egyptian Resurrection*), Campbell, Cott, Diodoro, Gadalla (*I mistici egizi, Egyptian Romany, Cosmologia egizia*), Harpur, Plutarco

Capitolo 8: La via di Horus/Cristo

Bibbia, Budge (*Egyptian Religion, Gods I, Gods II, Egyptian Resurrection*), Campbell, Cott, Gadalla (*Egyptian Divinities, Cosmologia egizia, I mistici egizi, Historical Deception, Tut-Ankh-Amen, Exiled Egyptians, Egyptian Romany*), Harpur, Kennedy, Massey, Osman (*Out of Egypt*), Pagels, Plutarco

Capitolo 9: Le festività dell'Antico Egitto e cristiane

Blackman, Enciclopedia cattolica, Diodoro, Erman, Gadalla (*I mistici egizi, Egyptian Romany*), sito dei Greci Ortodossi, Erodoto, Plutarco

www.ingramcontent.com/pod-product-compliance
Lightning Source LLC
Chambersburg PA
CBHW050753160726
48004CB00002B/537